早く死ねたらいいね！

〈私はいない〉を願う人への
非二元と解放の言葉

リチャード・シルベスター 著
村上りえこ 訳

I Hope You Die Soon

Words on Non-Duality and Liberation

Richard Sylvester

ナチュラルスピリット

I HOPE YOU DIE SOON

by Richard Sylvester

Japanese translation published by arrangement with
Non-Duality Press through The English Agency (Japan) Ltd.

ジョーとサムへ

そしてジェン、トニー、クレアに心からの感謝を。
あなたたちがいなければ、この本は書かれていなかったでしょう。

無について本を書くのはたやすいことではない。

もくじ

起きていること

イントロダクション

解放についてのもっとも多い誤解、それは個人がそれを成し遂げることができるという思い違いだ。解放とは失うこと——解放のために何かを選んで行動している、分離した個人がいるという感覚を失うことだ。

分離などないということがわかると、個人に付着している脆弱性や恐れの感覚は剥がれ落ち、ただ起きている人生の神秘が残る。灰色の木の幹に脚を広げたリスが、顔を上げてじっとあなたを見ている。そこに意味はない。猫の毛のハッとするような手触り、蟻が枝を這っていくその驚くべき様。そこに目的はない。望みを失うということは、喪失ではない。そこには湖面に浮く水鳥がいるのだから。

自分が人生の主導権を握っている、自分がなんとかしなければという感覚が途切れた時、ようやく人生はただ経験されるものとなり、くつろぎが生まれる。なんだっていいのだという安心感と、何かにすがろうとすることの終焉がそこにある。

解放について

I HOPE YOU DIE SOON

Words On Non-Duality and Liberation

序文

解放を言葉で説明することはできない。マインドで理解することも不可能だ。それが自ずから現れるまではわからない。たとえ姿を現しても、それを言葉や概念で表現することはできないし、マインドがそれをつかみ取ることもできない。

だが、解放は今あるすべてだ。まさにこの今。

パラドックス。

解放の理解は、マインドとは関係がない。ここに解放は存在しているにもかかわらず、マインドがそれを覆い隠しているのだ。そして、覆い隠しているそのマインドは、存在していない。

パラドックス。

解放は探求の終焉、意味づけの終焉だ。解放は、人生の意味とは人生そのものであることを見せてくれる。すでに目の前にあるものを探求するなど不可能なのだ。

言語が表すのはその性質からして、出来事、経験、物事、思考、感情といった二元の現象、起きている事柄だ。非二元(ノンデュアリティ)を説明する言葉は存在しない。私たちにせいぜいできるのは、遠回しに伝えることくらいだ。

では、やってみよう。

目覚め（アウェイクニング）――誰もいないことに気づく

それは土曜日の午後、ハンプステッドでトニー・パーソンズの非二元の話を聞くことに始まる。言っていることはほとんどわからない。けれど、何かに惹き付けられていつもそこに行ってしまう。ジョークやそこでの会話も、終わった後に飲みに行くのも好きだったので、私は何度も何度も足を運んだ。

そしてある暖かい夏の夜、セントラル・ロンドンの駅で、人という感覚、自分という感覚が突然すっかり消える。人も、電車も、プラットフォームも、他のものも、すべてそのままだ。ただ、人を介している感覚、解釈しているという感覚なしに、初めてすべてが目の前にあった。閃光も花火もなければ、LSDやマジックマッシュルームが引き起こすようなグルグル回る現象もない。だが、これこそ本当の〝ワォ!〟だ。いつもの駅を、自分という感覚なしに初めて見るということ。ありふれたものが、途方もなく特別なものに見える。それを経験している人は誰もおらず、すべてがただワンネスの中で生じている。

その瞬間、〝誰か〟などというのは存在しないことがわかる。これまでは、一人の人間がいるという感覚がずっとあった。それがこの人生に意味を与えてきたし、長年それを疑問にも思わなかった。あまりに当たり前になりすぎて注目すらしなかった自分、自分の中心、自分の所在というものが、今や完全に余計なものに見える。突然、私には人生などなかったのだとわかる。なぜって、「私」はそもそも存在していなかったのだから。「私」がいない時に初めてすべてはただあるがままに見えてくるのだと、永遠の一瞬の中で知る。私が人生を経験しているのではなく、私は経験されている。私が行動するのではなく、私という神聖な操り人形を介して行動が生じるのだ。

この小さな、それでいてとても重要な人生とやらのすべての心配事は、一瞬にして剥がれ落ちる。

そして、一瞬のうちに自分が戻ってきて言う。「今のはなんだ?」。だが、誰もいなかったあの一瞬が内面の風景を変えてしまい、もう元には戻れない。これを見ることは、マインドを吹き飛ばしかねないのだ。

過去は二次元になる。これまでは、過去はしょっちゅう訪ねていた三次元の風景だった。私は過去の中のあらゆる場所を次々と飛び回っていた。どの風景にもエネルギーが備わっていて、現実味があった。そのエネルギーというのは感情や思考で、ほとんどが後悔や罪悪感に関するものだった。「あの時ああしなければ……」とか「こうしてさえいれば……」というテーマで延々と再生が続く。結果として過去は何度も何度も耕され、さまざまな可能性が無駄に展開する。まるで、執拗に何度も訪ねていればいつかは地形が変わり、別れた恋人を取り戻したり、人を責めたり責められたりしたことを取り消しにできるかのように。それがあの誰もいない一瞬が起きて以来、人は戻ってきているものの、過去は一枚の平坦な絵のようだ。アルツハイマーになったわけではないから、どの風景もまだそこにある。けれど、それにはもうエネルギーはなく、現実味もない。もはやそこを訪ねようという衝動はほとんど起きない。過去の風景がひとつふたつパッと生き返る時がたまにあっても、少しするとまた次第に消えていく。後悔と罪悪感は主導権を失った。

心配事や問題は相変わらず起きるけれど、それらは以前のようにずっとつきまとうことはできない。足の指に力を入れてよじ登った壁、喉元をつかむように挑んできた岩壁は崩れ落ちていく。内面の風景は、つかみどころがなくなっている。ニサルガダッタが言うように、この世界は輪っかのようなもので満ちていて、それを引っかけるフックが私たちだ。今、そのフックが溶けていく。

一方でその翌年の間、自我は再び必死に自らを主張しようとし続けた。心配事が思いがけず再浮上したり、まだ味わってほしい退屈、絶望、感情的苦痛が出てきたりすると、自我の主張はとてもうまくいくようだった。

永遠の一瞬の間にすぐにわかることの一つは、誤った道や誤ったグルを探したり、それに追随したりしている年月に起きた、スピリチュアルな体験らしきものすべての本質だ。突然それが、真の姿で現れる。それは「実在しない人」

に起きる感情的、心理的な体験であり、その重要性は靴を履くとかコーヒーを飲むのとなんら変わりはない。

スピリチュアルな体験を起こすことは難しいことではない。集中的に瞑想する、長時間チャンティングをする、ある種のドラッグを使用する、食べず眠らずで過ごす、究極の状態に身を置くといったことをすれば、おそらく起きるだろう。私はこれを全部やり、何度もスピリチュアルな体験をした。何時間もチャンティングをし、荘厳なチベットの銅鑼（どら）のビートを聞きながら瞑想した。立派なローブを着て高座に座っているグルが、私の目の前で黄金の光の中に溶けていくのを見た。超越的な至福の中で個人のアイデンティティは純化し、消滅した。宇宙は私を吸い込み、広がった私の気づきはすべてを満たしていた。

だからなんだっていうのだ？

いつも誰かがそこにいて、その誰かがスピリチュアルな体験をしていた。どれほど純化していようと、そこにはいつも人がいた。こういった出来事はすべて、「私」に起きていた。どの体験をとっても解放とはまったく関係がなく、猫を撫でているのと変わりはなかった。

それに、いずれにせよ「神の世界にそう長居はできない。レストランもトイレもないんだから」[*1]

解放は個人のものではなく、心理的、感情的な体験、「スピリチュアルな」体験とはなんの関係もない。たとえそれがどんなに純化されたものであってもだ。スピリチュアルな、あるいは心理的な体験は、個人の体験にすぎない。ひとたび自分が無であるとわかれば、すべての体験は見かけ上の人だけに起きるもので、ワンネスの中にまた消え去っていくこともわかる。そこに重要性はまったくない。その体験が起きている人は実在せず、そこに意味がある可能性はゼロだ。そして解放は、問題や関心事があろうとなかろうと、それが続こうと続くまいと、それとは一切関係がない。

解放は永遠の至福をもたらしはしない。それが欲しいなら、ヘロイン、プロザック、ロボトミー（前頭葉切開術）をやってみるといい。

なんという安心感。解放のために特別なことなどしなくていいのだ。

解放は、「あなた」の存在をまったく必要としていない。これを書いているのは一人の人間ではない。ワンネスが書いている。そして、ワンネスがこれを読んでいる。

＊＊＊

これをストーリーとして話すと、目覚め（覚醒・一瞥）の期間は一年間続いた。この間、その人は以前より声高に自己主張をした。時に力強く主張しては消えていき、また戻ってくる。しばらくの間は個人的な苦痛という砂漠があり、その苦しさは以前と変わらなかった。だが、それに対処するためのかつての慰めやメカニズムは意味を失った。特に、「その苦痛には意味があり、私のスピリチュアルな成長にとって必要なものなのだ」という信念による慰めは。「苦痛なく得られるものなどない」などという考えは、もはやくだらないとしか思えなかった。この目覚めは私が今まで握りしめすがりついていたすべての信念を容赦なく剥ぎ取っているのだ、とわかってくる。もう救命ボートは一艘も残っていない。流木の一本すらない。
時折、こんなふうに言われる。「それはあなたの人生を破壊しますよ」と。そうかもしれない。ただし、それが破壊するのは、自分が人生と思っていたものだ。ここである名言を思い出す。「どうして解放を求めるのですか？　それがいいものだって、どうやってわかるのですか？」なんてことだ。事態は悪化していて、良くはなっていない。なぜって、以前は望みがあったのだから。

〈注〉＊1　マリアナ・カプラン『*Halfway Up The Mountain*』より

解放――「私」はすべてだとわかる

このストーリーの中では、目覚めの一年後、私はありふれた田舎町のある店内に立っていた。突如として、素晴らしき穏やかさとともに、普通のものがきわめて特別なものと入れ替わる。あの人は再び完全に消え、今や意識(アウェアネス)がいたるところ、すべてであることがクリアにわかる。自分という局在的な感覚はただの見せかけであることが露呈する。ここ、あそこなどといった場所はない。ただワンネスがすべてとなって現れている。そして、それが本当の「私」なのだ。「私」はその店であり、人々であり、カウンターであり、壁であり、そのすべてが現れている空間そのものだ。自分が消え、意識がすべてだとわかる時、すべてはありのままの姿――愛から成る驚くべきホログラムとして見える。

子供の頃のある時期に、意識は個別のスペースの中に凝縮され、固まって他のすべてから切り離されるようだ。これが、期待や恐れ、愛、重くのしかかる責任を伴う「自分」という感覚だ。思考や感情、感覚的な現象は本当はただ意識の中に生じるだけのものなのだが、その頃には誰かの所有物となり、「自分」に属するものだと感じられるようになる。こうして、一人の人間としてのドラマが始まる。

「いたるところ」である意識に、局在性はない。解放だけが存在している。だが、解放の中で「私」は解放されていないという感覚が生じることはありうるし、実際に生じる。それは分離の感覚、あっちではなくここにいるという感覚、他のすべての人や物から分離しているという感覚として現れる。それは恐れや切望や期待をもたらし、きわめて中毒性が高い。その感覚は自らの本質を見抜くことはできず、死によって終わりがくるまで七十年も八十年もその状態が続く可能性もある。もしくはもっと早くに終わるかもしれない。いつでもどこにでも、その可能性はある。

＊＊＊

解放とは、一人の人間であるがために背負っている重荷から自由になることだ。人間というのは、いろいろな選択や決定――結果をもたらす選択や決定――をしなければならないらしい。選択も人間も分離もないとわかるとは、なんという安堵だろう。あなたがこれまでしてきたことは、それがなんであれ何も引き起こしてはいない。なぜなら、あなたは一切何もしていないからだ。何かが行われたようには見えても、誰も何もしていない。

自分の人生で何も選択をしてこなかったなんて、素晴らしくはないか？　何かを後悔することも、罪悪感に苛まれることもない。これ以外の可能性、違った可能性などなかった。ホッとするではないか？　なんだっていいのだ。行くべき場所はない。為すべきこともない。意味もなければ道徳もない。救いもなければ望みもない。すべて手放していいし、すべての緊張を解き放っていい。絶望の素晴らしさ、無意味という贈り物を楽しんでいけばいい。これからは、まったくもって無力であることを楽しめばいいのだ。

解放の中では意味のあるものは何もなく、すべてはただあるがままだとわかる。ストーリーは止まらない。ストーリーは続くけれど、それがただのストーリーにすぎないことが今ではわかっている。自分の人生と思っていたものに対する情熱のすべては、ただ起きて
いるだけ。衝突、愛、支配と権力を求める努力、勝利や敗北といったものは、単にワンネスの中で生じては消えていく現象にすぎず、そこにはなんの意味もない。

どちらかがより重要ということは一切なく、優劣もない。トロイの戦争も一杯のビールも変わらない。

もちろん、マインドにとってはそうはいかないのだが。

＊＊＊

解放を獲得することはできない。私は解放を獲得してはいない。誰も解放を

獲得することはない。解放にふさわしい存在となるために十分に立派になるとか、懸命に努力するとか、十分に誠実になるなどということはできない。私に解放が起きたことはないし、あなたに起きることもないだろう。だが、解放は存在している。解放だけが存在している。完璧はすでにここにある。あなたそのものが、すでに神聖なのだ。

探求してもどこにも達することはないが、探すことが悪いわけではない。このプロセスらしきものの間に「探求は無意味だ」という言葉を聞くかもしれないが、探求そのものが止まるまであきらめることはできない。探求が止まったその時に探求は終焉を迎え、あなたが探し求めてきたものはいつもあなたとともにあったのだとわかる。実際のところ、それはあなたそのものなのだ。でも、見つけるための探求をあきらめるよう提案しても意味はない。あなたが酔っぱらおうと、瞑想しようと、新聞を読もうと、グルとともに座っていようと、競馬に行こうと関係ない。こうしていると解放が起きやすい、起きにくいということは一切ない。探求しているかしていないか、瞑想しているかしていないかという観点も的を外している。こういったことをする、と選ぶことができる人などいないのだから。もし瞑想という行為が起きるなら起きるだろうし、起きなくなるまでそれは続くだろう。酔っぱらうのと同じことだ。むしろ、自分は何かを選択できるという信念を手放した方がいいかもしれない。

とはいえ、そんなことすらできないのだけど。

それが起きるまでは。

＊＊＊

解放は、自己が消え去った後に残るもの。

ただし、自己というのは単に、自己という姿で生じる解放だ。

解放は、解放を探求している間に起きている。

内側では、すでにあなたもわかっている。

目覚めているのと眠っているのは同じ
――あなたが眠っていない限りは

解放が姿を現している時、解放の中で目覚めていることと、眠っていることに変わりはないことがわかる。いずれもシンプルにワンネスであり、それが眠っている姿で現れているか目覚めている姿として現れているか、ただそれだけのことだ。解放の中では、神秘化された悟りのすべてが剥ぎ取られ、それがまったくもってありふれたものであることが露呈する。山はただ山として見える。だが、まだ眠っている――そしてその眠りの中で休みなく分離の感覚の終結を追い求めている――探求者にとっては、その状態と解放との間には隔たりがあるように見える。解放は獲得すべき素晴らしい賞のように見える。それは至福感、痛みや苦しみからの解放、すべての問題の解決のほか、おそらくは魔法のパワー、そしてもちろん友人たちからの嫉妬の絡んだ賞賛が約束されている賞だ。だからこそ人は解放の探求にそこまで必死になるし、「自分は解放を手に入れるだろうか？」という疑問はかくもパワフルなのだ。

解放を目にするのを妨げる唯一のもの、それは「私は解放されていない」という思考だ。そこで、「解放を見るためには、その思考を手放すことだ」と言う人がいる。でも、そうしようと選択できる人などいない。これは解放ではないという思考は「私は分離している」「私は探求している」という思考と同じで、それが落ちてなくなるまで続く。見かけ上の自己は、それ自体が幻想だと発見する術を持ってはいない。うわべだけのものが現実を発見することはできない。

解放は、心身がまだ機能している時、もしくは心身が死を迎えた時のいずれかに姿を現す。ストーリーの中を除けば、どちらでもいいことだ。「死に際しては解放しかない。生きている間に解放を経験する方がしゃれているというだけ」[*2]だ。

解放の中では、探求すべきものは何もなかったのだということがわかる。探求していたものはいつもあなたとともにあった。あなたそのものは、いつだってあなただったのだから。これがわかった時、すべての探求は終わる。

〈注〉＊2　Max Furlaudの、プライベートな会話での言葉

早く死ねたらいいね

昔々、私は多忙な探求者だった。真摯に瞑想し、カルマに注意を払い、シャクティパットを受けたりもした。聖なるグルにチャクラを開いて浄化してもらい、自分はどこかに向かっているのだと思っていた。

すると、大惨事が起きた。トニー・パーソンズに出会ったのだ。私の人生だと思っていたものが、それで終わりを告げた。トニーはあるミーティングの最後に私をハグしてこう言った。「早く死ねたらいいね」。トニーには本当に、心から感謝している。たとえ人は誰もいないとしても。

これ以上にふさわしい終わり方はない。私が受けた祝福をあなたにも贈らせてください。「早く死ねたらいいね」

起きていること

I HOPE YOU DIE SOON

Words On Non-Duality and Liberation

言語

言葉は、それが示す現象そのものではない。刈った草の香りの説明は、刈った草の香りそのものではない。言葉は解放を指し示すことしかできず、さらには誤解を生じさせる。解放を説明するというのはいかなる方法でも不可能だ。解放の香りを伝えることができるはずもない。

言葉は現象を説明することができるだけだ。解放は現象でもなければ、現象の集合体でもない。

にもかかわらず、何かについて話をする時、解放についてもそうだが、会話を続けることができるのは言葉によってのみだ。

ただ、沈黙というのも存在する。このページがまさにいい例だが、黒の印字が意味をなすのは背景が白いからだ。

すべての言語は疑わしい。この本では、以下の言葉は特に疑いを持って扱われ、引用符が付いていると思って読まれなければならない。これらの言葉に含まれている前提はどれも誤りなのだから。

マインド　人　過去　未来　今
その時　時間　場所　ここ　あそこ
私　あなた　自分　選択　自由

「私は幸せだ」と言う時の「私」という言葉に備わる力は、「It is raining」(雨が降っている) の「It」(仮主語) と同じだ。「it」は存在しない。「私」は存在しない。雨はただ降る。幸せはただ生じる。

非二元についてのほとんどの記述は、完全に二元的だ。解放をもたらすために誰かが何かをすることができる、もしそう筆者が述べているなら、それはナンセンスだ。そしてそれが、きわめて正確で流暢、複雑で説得力のあるナンセンスであるというのはよくあることだ。

マインド

解放が見えていたら、それは見えている。見えていなければ、見えていない。そういうものだ。

ウパニシャッドにはこうある。「アドヴァイタは概念ではない。そのものなのだ！　稲妻が光る、目は瞬きをする……。さて？　あなたはわかったか、わからなかったかのどちらかだ……。わからなかったなら、残念！」[*3]

手強いでしょう。

何もできないなんて、マインドにとってはあまりにも不公平な感じがする。

マインドは、混乱することもできれば、はっきりさせることもできる。ほとんどの場合は、混乱が起きている。たまに、明晰になる。マインドは絶え間なくおしゃべりを続け、その無意味な話に意味を持たせる。

マインドはまるで、録音されたメッセージの一つだけが一日中ループ再生されるテープのようだ。「ほら、言った通りだろう。ほら、言った通りだろう」。そのテープは、あらゆる反対証拠を排除する再生機器とセットになっている。

マインドは、個人としての悟りは自らがもたらすことができると主張する。だが、悟りはまだ起きていないことをマインドは認めざるをえない。マインドはその約束を果たすことは決してできないので、まだ十分瞑想していないとか、マントラのチャンティングがまだ足りないとか、グルにもっと信仰心を示さなければなどと言ってくる。誠意が足りない、チャクラの浄化がまだ必要だ、浄化の儀式をもっとしなければいけない、あるいは、最後の秘密を知るにはもっと厳しい探求をしなければならないと。そしてもちろん、懸命に探求しすぎるからだとも言ってくる。

マインドは正義、公正を信じている。マインドは、徳や努力は報われなければならないと信じている。「もっとスピリチュアルな人間になれるよう、もっと頑張ってさえいれば、私は至福を得ていただろう」。マインドは、解放によって永遠の至福がもたらされなければならないと考えている。解放を苦行の報い、結果として手に入れる恩寵ととらえているからだ。

こうして人は信念と進化の道というランニングマシンの上を延々と走り続けることになり、グルは繁栄する。

誰もいないということが初めてわかった時、マインドは打ち砕かれるかもしれない。だが通常は、すぐに支配を取り戻す。マインドは、目覚めを個人的な体験としてしか見ることができない。マインドはきっと言うはずだ。「この素晴らしい出来事を自分で再現する方法があるに違いない。もっと長時間捕まえて、髄まで吸い取って、ついには永遠に目覚めたまま生きるのだ」と。

そしてマインドは、このすべてがうまくいかないことで絶望に向かうかもしれない。

＊＊＊

突然の目覚めがあり、人が完全に消えてしまった瞬間、その人生につきまとっていたすべての心配事は直ちに消滅する。心配する人が突然いなくなるからだ。一瞬のうちにマインドは吹き飛び、「過去」や「未来」に縛られて収縮していたすべてのエネルギーが解き放たれる。今や人など存在しないとわかっているのだから、個人の苦しみや懸念すべきことなどまったくもってありえないことがわかる。鬱？　仕事の面接が不安？　ルイーズが愛してくれますように、って？　来週の検診の結果が怖い？　突然の虚空の中には、そんなことを抱えている人など存在していない。

ところが、一秒もすると自分が戻ってくる。自分の関心事を全部抱えて。

＊＊＊

この人物にとって、目覚めの期間中はあらゆるものがまったく儚いものに見える。道、人々、建物、野原、丘、どれもが実体も継続性もないように見える。

すべては色遊び、無の中に漂う光の映画であり、ほんの一瞬のうちに消えてしまう。一瞬にも始まりと中間と終わりを伴う継続時間があるが、見た目の現象にはそれがない。すべては絵葉書のように二次元に見える。電話の声からなんの実体も感じられない。電話をかけてきた友人の声に実体がまったくないと気づいた時には、動揺するものだ。

〈注〉＊3　Abhisiktananda の言葉

スピリチュアルな体験

スピリチュアルな体験は、個人の心理的、感情的、身体的な体験の一つの形態にすぎない。この上なく精緻な超越体験であろうと、そこにはそれを体験している誰かが必ず存在している。だがこのことは、たとえ一瞬であれ誰もいないということが見えるまでわからない。

スピリチュアルな体験は、個人的な努力によって引き起こすことが可能だ。そう、壁の絵が個人の努力によって描かれるのと同じように。ただし、スピリチュアルな体験は長く維持させることはできない。どんな体験であれ維持することはできないのと同じだ。

マインドはスピリチュアルな体験を生み出すために努力するのが大好きで、

それによってもたらされる報償を満喫する。マインドにとって、これは実に公正に感じられることなのだ。マインドは考える。「私はこれくらいの量の努力をつぎ込んだから、これくらいの報償を手に入れる」

アップルパイを焼くのとまったく同じこと。

「スピリチュアルな努力を十分にすれば、悟りは私のものになる」とマインドは言う。「あと十回も転生したらきっと」と。だが、誰もいないということが見えた途端、自分はなんの努力もしていなかったこと、なんの作業もしていないし報償として与えられるものなどないことがわかる。私の人生の何をとっても、自分とはまったく関係ないのだ。

目覚めの一瞬の中で、スピリチュアルな探求の心地よさはすべて消えてしまうかもしれない。それまでのすべての努力、インドに行くための荷造りの喜びや忙しさ、困難を乗り越えて訪ねた僧院、有意義なスピリチュアル・バザー巡りの旅、クンダリーニの覚醒、受け取ったシャクティパット、どれもどこにも通じていなかったし、なんの価値もなかったとわかるだろう。

これがわかると、笑いの波紋が広がるかもしれないし、絶望の砂漠が現れるかもしれない。というのは、目覚めの後に「私」が戻ってきた時、これをジョークにしてしまう場合もあれば、本当に孤独と絶望を感じる場合もあるからだ。最後には結局、ただ座ることにするかもしれない。笑っていようと、絶望していようと。

人であるということ

人であるという感覚はとても強力だ。この感覚は生まれてからずっとあったものだし、何より強い中毒性がある。この感覚は、ありとあらゆる形で生じてくる。

私には責任がある。私は二人の子供の父親だ。私には生徒がいる。私はこの重要な委員会の議長だ。余暇の時間を使って地球を救おうかな。

私には恐れがある。私はガンかもしれない。家が老朽化しているかもしれない。私は独り部屋でよだれを垂らしながら寂しく死ぬのかもしれない。休暇で旅に出かけたら、空から炎上した飛行機が墜落してくるかもしれない。

私には望みがある。今日コーヒー・バーで出会いがあって、恋に落ちるかもしれない。仕事で昇進するかもしれない。宝くじが当たったら仕事を辞められて、ついにフェラーリを買えるかもしれない。

私は切望している。切望の多くは矛盾している。私は受け入れられたいし、孤独を求めてもいる。自立を求めているけれど、世話もしてほしい。深く感じ入りたいし、動じることなく冷静でいたい。

私は収縮した状態で生きていて、脅威と苦痛に抵抗して緊張している。私はここにいて他のすべてはその外側にあり、外側のものが私に重くのしかかってくる感覚に飲み込まれている。自分を破壊しかねないこのあらゆるプレッシャーから、自分を守らねばならない。大切にしている人たちからだって、自分を守らなければ。自分が一番心を許した人に対しては特にそうだろう。矛盾した衝動に駆られて、自分がどこに引っ張られてしまうかもわからない。一つになりたいという切望があるから、私は誰かと親しくなりたい。親密になりたい。誰かに抱擁され、安らぎを得たい。侵入されることを恐れているから、分離し、距離を置き、自立していたい。どんな状態にいても満足感はそう長くは続かない。なぜなら、望んでいる状況と同時にそうではない状況をも求めているのが常だから。包み込まれれば分離を渇望し、除外されれば属したいと願う。

私は傷つきやすく、分離している。怯えていて、すぐに心を乱し、簡単に落ち込む。恍惚と絶望の間を行ったり来たりしているか、無感情という武装の中に閉じこもったままでいるかのどちらかだ。なんといっても、私には過去の記憶、そして未来への恐れと幻想がある。後悔があり、罪悪感があり、願望があり、悔恨があり、自意識があり、困惑がある。カリスマになったりもすれば、内気にもなる。駆け引きをし、エゴを発揮し、自分が正しいと確信し、自分を正当化し、自分の信念を説く。「私」の感覚は現象、思考、感覚、感情が起きるたびに常に生み出され、再形成を繰り返す。

自分という感覚を持たずに生き続けるなんて考えられない。誰も見ている人がいない中でこのことがただ見えるなんて、想像もつかない。誰もいないことを見るなど、想像不可能だ。だって、それを見ているのは誰だというのだ？

分離が初めて起きた瞬間から、人は常に存在していた。そして突然、一瞬にして、「私」の感覚が完全に抜け落ちてしまう。人が徐々に、超越的に拡散していくのではなく、完全に消失する。想像を超えたことが起きる。完全に自己が存在していないことがわかる。空（くう）が認識されたのだ。時空の概念はすべて意味をなさなくなる。ただ遍在があるのみ。ここも、あそこも、同じ。

このことが起こると、それまでの人生を深刻に考えられなくなる。

偉大なマントラ

メソッドなどないのだが、もしあるとしたら「希望なし、どうしようもなし、意味もなし」とマントラを繰り返すことかもしれない。これを繰り返している間、誰もそれをしている人はいないことに気づいていればいいだろう。ただし、これに気づける人というのも存在しない。

人は希望があると信じ、その希望を満たそうと行動する。この求める行動の根底には「これは求めているものではないけれど、自分がそれをちゃんと変えることができれば、そうなるかもしれない」という考えがある。でも、この希望は必ず失望に終わる――この恋人じゃない、この車じゃない、このトスカーナの別荘じゃない、このグルじゃないと気づいた時に。希望は失望に変わり、その後は落胆するか、もしくは別の不毛な希望に行き着く。希望はあなたを「これじゃない」から「これだ」に決して導いてはくれない。というのは、あなたが「これじゃない」と考えている間ずっと、本当のところそれがそうなのだから。今あなたがいるところから「それ」に行き着くことはできない。あなたはすでにそこにいるのだから。

希望をあきらめることさえできたらいいのに。それでも、いつか希望が剥がれ落ちることがあるかもしれない。それこそ素晴らしい、喜ぶべきことだ。

人は救いがあると信じている。だが、もうすでにそうであるものになるために救われることなどできない。立派な椅子に座っていながら「どうすればあの椅子に座れるか教えてください。あそこの椅子はあまりにも遠いんです。とても綺麗なあの椅子……。あの椅子に座ることさえできたら、きっと私の人生はうまくいくんです」と言っているようなものだ。いったいどう言ってあげればいいだろう？　「でもあなたはもうその椅子に座っているでしょう。どこに行くっていうんですか？」。自分はどこか別の場所に行かなければと思っている限り、この言葉は聞こえてこない。だからあなたが「解放されるのを手伝ってください」と頼んできたところで、なんと言えばいいだろう？ そこにはすでに解放しかない。すでに達成されているのに、それを誰かが助けることなんてできない。だから、禅では時にこう言われる。「救いになるものを何かあげたいけれど、我々には何もないのだ[*4]」

あなたはすっかり無力で一人きりだ。あなたにできることはないし、しない方がいいことも何もない。もしそれがわかれば努力も終わりを告げ、くつろぎの中で解放が見えるかもしれない。ただ、こう言うとそれもメソッドのように聞こえてしまう。努力をあきらめられる人など誰もいないのだから、メソッドなどありえないのだ。

人は意味というものを信じている。だが、すべてに意味などないことがわかるというのは、何にも代えがたいギフトだ。生じているように見えるすべては、ただ起きているだけ。互いの関連性もなく、どこかに繋がってもいない。意味があるものなど何もないということがわかると、深い安堵が起きるかもしれない。あなたの人生らしきものにあったあらゆる緊張が、剥がれ落ちていく。でも、マインドはそれをとても嫌がる。マインドは叫ぶ。「ホロコーストは？　羊の血の救済は？　仏陀の菩提樹の下での悟りは？　自分のソウル・メイトが見つかるっていうシャーマンのシンボルが出たのは？　亡くなったモード伯母さんの霊が『失くした勝手口の鍵はお茶の壷の中にある』って言ってる。こういう出来事には意味があるはずだ」と。

だが、どれ一つ何かに繋がることはない。他の何かに発展することはない。ホロコーストも、信仰による贖罪も、仏陀も、シャーマンのシンボルも、亡くなったモード伯母さんも単に浮かんだ思考にすぎず、「これ」を見ることからあなたの意識を逸らしているだけ。ワンネスが、二つではないと気づかないよう自らの気を紛らわせているのだ。これはゲームだ。分離の思考はいずれも気づいていない――あるのは無条件の愛だけだということに。そうやって、ただゲームを進行させせている。

「希望や意味づけをあきらめて、自分の救いようのなさを見なさい」とあなたに告げることに意味があるのなら、私は告げるだろう。でも、あなたにそう告げる人などいないのだし、それを聞く人もいない。

＊＊＊

あなたには探求することも、探求をあきらめることもできない。探求はそれが止むまで自発的に起こるだろう。もし探すのをあきらめようとすれば、探すのをあきらめるためのメソッドを探すことになるだろう。

〈注〉＊4　一休の言葉の引用。ティモシー・フリーク『*The Wisdom of the Zen Masters*』より

悟りを得た人の、非の打ちどころのない振る舞い

あるのは解放のみ。この文字を打っているのも解放。それを読んでいるのも解放。お茶を飲むことも解放。自己は、解放が自己として具現化しているもの。ところが、人としての自己が見かけ上そこに存在している間、この自己が解放を見えないようにしている。自己は解放を探しているため、解放を知ることはできない。「これは、それではない」と信じている限り、そこには緊張と分離がある。自己はまだまだだめだと感じているので、解放にふさわしい自分になるために、常により一層何かをしていなければならない。結局のところ、私は自分が非の打ちどころのない振る舞いなどしていないとわかっている。どこかで確かに読んだところでは、悟りを開いた人たちはいつも一分の隙もないらし

い。だから私は、悟りの会のメンバーから除外されている。

この考え方が、私を二元の罠にかける。今、私たちは二つ――ワンネスと、ワンネスから外れた隙のある状態――を手にしている。

私たちにはワンネスはしかるべきもの、価値のあるものだというルールがあって、ワンネスにそのルールと一致するよう求めている。私たちの考えでは、ワンネスは残酷さとか不実とか、アフリカの飢餓という姿で現れるはずがないということになっている。マインドは言う。「ワンネスから除外されるべきものもたくさんあるはずだ。すべてがワンネスとして認められるわけではない」と。だから、常にマインドは二つのものがあると主張する。

マインドは正義を求め、これしかないことに決して満足しない。

それゆえ、多くのスピリチュアルな教えでは「私たちはマインドを超越しなければいけない」と言われる。こういう教えは、マインドが生み出す罠についてはわかっているものの、その罠にかかっている人など誰もいないというところまでは見えていない。

マインドを超越できる人など存在しない。人もマインドも存在しないその時、罠にかかるのもまた解放であることがわかる。

古い習慣にしがみついている過ちだらけのこの自己も、解放が自己として生じているものだ。それが見えると、誠実さとか正しい振る舞いとか道徳とか正義といったことについて論じるのは見当違いだとわかる。選択している人など誰もいないとわかった時、そういった概念はどれも意味を失う。勇気と臆病、誠実と不誠実、真実と嘘、正義と不正、責任と無責任、どれも単なる光の遊びであり、ワンネスがそのすべてとして姿を現しているのだ。

だがマインドにとって、アフリカの飢餓や嘘や不正もワンネスだという提言は嫌悪の対象だ。

この本は、高潔や正義といったマインドの期待を満足させたい人向けではない。あるのは解放のみ。解放を求めることも解放だ。でなければ二元があることになる。ワンネスがあって、その外側にワンネスの探求があることになる。

解放の探求というのは、解放が別のものになったふりをして自らを探しているだけのこと。これを成り立たせるためには、かなりうまくふりをしなければならない。でないとワンネスは直ちに自らを見つけてしまい、始まりもしないうちにゲーム・オーバーになってしまう。すべては解放なのだが、うまくふりをしていれば、マインドはそれを別のものとして見る。

実際、マインドが「解放を垣間見た」と思うのはよくあることなのだが、向こう側に――おそらく、輝かしいオーラと孔雀の羽を身にまとい、魅了された信奉者たちに囲まれている、神聖さというサンダルを履いた人の中に――見えたとしか思っていない。

もちろん、これはすべてメタファーだ。ゲームなんてない。何かを探しているものなんてない。この最後の文からは、二通りの意味を読み取ってほしい。これは夢だけど、私は夢を見てはいない。私は夢の中に出てくる、夢の登場人物だ。それゆえに、目覚めるのは私自身ではない。

ワンネスは自らのことをすでに知っていて、自らを見つける必要がない。そもそもなくなってはいないのだから。一方、個人に根差したマインドは決して解放に達することはできない。解放は個人のものではないからだ。

活発なマインドを持つ探求者は大勢いるが、もしあなたのマインドも活発だったとしたら、この言葉は何度でも繰り返す価値がある。「マインドは決してこれを理解することはできない」。「私はわかったぞ」と思っていることと解放には、なんの関連性もない。

＊＊＊

探求者はどうしても解放を神秘的なものととらえ、幻想的なイメージを生み出してしまう。私たちは、解放によってもたらされると思っている贈り物を渇望している。だから、グルやスピリチュアル・ティーチャー、マントラのセールスマンが通りかかるたびに引っかかってしまいかねない。

だが解放の中では、解放はまったくありふれたものであり、同時に素晴らしいものだとわかる。これはパラドックスだ。解放を見るというのは単に、探すというヴェールが取り払われた状態で見る日常、木の上にいるリスだ。ローラーコースターに乗っているような神経症のマインドは、穏やかな驚嘆に包まれる。

マインドは、神経症が消えるのを気に入らないかもしれないけれど。

***

思考は、そこにマインドを持っている人がいるように見せかける。自意識が強い探求者にとって、このような思考の多くは、本当の「私」とは何者なのかを突き止めるためのものかもしれない。でも、その考えを持っているように見える見かけ上の人物は実在しないし、思考自体がそのものの本質を発見することはできない。発見する本質など存在しないのだから。

解放の中では、思考は虚空から、無から、どこからともなく生じてくることがわかる。ただ生じては消えていく。思考はどこにも行かないし、どこにも導かない。思考に重要性はない。

解放が見えている間であっても、心身のパターン化した性質によって、意見、学び、偏見、信念などが生じる可能性はある。

ただ、それが深刻に受け取られることはなさそうだ。

＊＊＊

目覚めとは、空(くう)がからっぽであるのが見えていること。
解放とは、空(くう)が満ち満ちているのが見えていること。

収縮と局在性

解放を見るという爆発が起きると、収縮は終わりを告げる。これは、収縮した個人を経験することがなくなるという意味ではない。解放においては何もかもが起こりうるからだ。でも、いったん解放が見えると収縮はもう起こらない傾向が強い。

しかしながら、特定の場所に心身があるという局在の感覚は、心理的、感情的な収縮とはまた別ものだ。解放が見えると、この心身の局在的な感覚はしばらく消える。意識がいたるところであるのが見える。立っていることが起きていた部屋、歩きが生じていた道、現れていた身体や街灯やベンチや空間――それらはこの腕やこの思考プロセス、この見ている状態、歩道を歩いているこの足と区別がなく、同じところに属している。誰かが何かの前を通り過ぎたり、空間を横切ったりしても感覚はない。ただ、身体が壁や未来にぶつかりもせず、見かけ上の空間と時間をうまく通り抜けていく、そのことには気づいている。

少ししてから局在的な感覚が戻ってきて、心身が時空の次元を占めている感覚がよみがえる。でも、目覚めが起きた後ですら常にあった収縮の感覚は、もうなくなっている。

＊＊＊

解放が起きると、無条件の愛だけがあり、それがすべてとしてありのままに現れていることが見える。マインドは説明を求めるが、これに説明などありえない。ただそうなのだ。

「私」がすべてとして見えている時、そのすべてが愛であることがわかる。そこに例外はない。

死と宗教

質問――死んだ後どうなるか、どうすればわかりますか？
答え――死んだ人に尋ねてください。

昨夜、旧友とレストランで夕食をとっている夢を見た。勘定を頼んだが、済ませる前に目が覚めた。友人は僕の分まで払わされたのだろうか？
この夢についての疑問がばかげていることはすぐにわかる。「死んだ後、私はどうなるんだろう？」という疑問も同じ。自分は夢の中の登場人物であることがわかれば、この疑問は解消する。死ぬ「私」なんていないこと、夢を見ているマインドにだけ時間が生まれるのだから「後」なんていうのもないこと、そして、死というのは夢から目覚めることにすぎないのだから「死」もないことがわかる。

もしも「心配しないことを選択できた」という誰かがいたら、私は言うだろう。「心配しないで。大丈夫だから」

だが、マインドには自らの消滅を想像することなどできない。マインドは夢の中で死らしきものに直面すると、自分は死後も存続するというストーリーを作り出す。こういうストーリーはすべて、「勘定の前に目覚めてしまった人の食事代は誰が払うんだろう？」という疑問への答えと同じようなもの。私たちは皆、数々のこういったストーリーに慣れ親しんでいる。そのうちのほとんどは充実した人生――そうだと考えられているもの――へのご褒美、そして悪行をはたらいた人生への罰に関するもので、それぞれにバリエーションがある。どちらのストーリーも誘惑的かつ威圧的で、私たちにスピリチュアルな豊かさと身に迫る苦悩を代わるがわる約束する。

実際には、こういうストーリーは何十億と存在する。というのは、その夢を見る側の、夢の中のキャラクター独自のストーリーがあるからだ。私バージョンの羊の血による救済は、あなたバージョンとは異なっているだろう。神、人間、動物、浮かばれない幽霊、悪魔などに転生する場合も、あなたバージョンの転生と、あなたの隣で瞑想している仏教徒バージョンのそれとでは異なるだろう。

マインドが死を巡るストーリーを作り出す時、その大半に共通するテーマがいくつかある。そこには守るべきルールがある。「努力しなければならない」「悪い行いは避け、良い行いをしなければならない」「牧師さん、お坊さん、ラマ、グル、ヨギ、スワミの指示に従って見返りを得なければならない」

人はこれらのルールを正当化するために、仏陀やキリスト、クリシュナを引き合いに出すかもしれない。将来罰を受けるかもしれないという脅威があり、その罰が時には極度の拷問であったりするため、「道を踏み外さないようにしよう」とあなたは思う。こういうストーリーのあるバージョン、たとえばキリスト教において信じられている一番残酷なものになると、その罰は永遠に続くのだ。他のもう少し慈愛のあるバージョン、たとえば仏教バージョンだと〝想像を絶するくらい長い間〟で済ませてもらえる。ストーリーによっては、修道院で殺害を犯さずとも、あるいは麻薬まみれの乱痴気パーティーに行かずとも、死後に幸せな生活を送れるチャンスを棒に振ることができる。場合によっては、日曜日にただ踊っただけで重罪になるのだ。

マインドの構造によっては、悪鬼、幽霊、妖怪、スピリットの姿を登場させることもある。そうすることでマインドは、自分は死後も存続するのだと納得しやすくなる。

多くの探求者にとって、死についてのストーリーで一番誘惑的なのは、カルマと転生のストーリーだ。特に、正義が好きなマインドはこれに惹き付けられる。このストーリーは、すべてを公正かつきわめて個人的なものに思わせてくれるので、苦痛にも耐えやすくなるのだ。

カルマのストーリーとは、自分の一つひとつの行動や思考がその性質に従った結果をもたらす、というストーリーだ。ところが、「悪」がはびこり「聖」は苦しむというこの今生には、明らかにあてはまらない。そこで、カルマのストーリーには通常、転生ストーリーも組み込まれている。一見したところ不公平なものも、転生ストーリーによって説明がつき、不公平感は一掃される。生まれつきの奇形も、独裁者が貯めた何十億の財も、誰かが不意につまずいて階段から落ちて脚を骨折した時もだ。このストーリーは、マインドにかなりの満足感を与える。私を虐待しているやつは、たとえ今生では成功しても、来生はヒキガエルとして生まれ変わって苦しむのだろう。私の自己犠牲による善行や苦行生活が今生では報われなかったとしても、少なくとも次はもっといい生まれ変わりができるはずだ。もっと大きなゴールドのオーラを持って生まれて、支持者がつくかもしれない。そうしたら悟りの開き方を教えてあげよう。

カルマと転生の概念は、意志に基づく行動の存在を信じることから生まれる。意志に基づく行動とは、何かをするための選択、自由意志を行使する選択だ。誰もいないことが見えると、意志に基づく行動などありえないことがわかる。なんにせよ、選択する人などいないのだ。行動と思っているものすべては無から意志などなくただ生じているだけで、それがわかると因果も消失する。

それでも個人の苦痛についてマインドを満足させるための説明が欲しいのであれば、宗教的信念は山ほどあるのでそこから選ぶといい。宗教は苦行の最たるものから贅を尽くしたものまで、どんな人の好みにもぴったりくるだけのものが揃っている。毛のシャツを着てイグサで自らをむち打ってもいいし、緋色のローブを着て金の彫像を鑑賞し、楽しんでもいい。性生活について指導したり、「敵が地獄で焼かれるのを愉快な気持ちで眺められる楽園を待ち望もう」などと教示する、禁欲主義者の男性を崇拝してもいいのだ。

地球を救うだとか社会主義といった、現世的な宗教すらある。あるいは現世的なものとスピリチュアルなものを合わせて、自分なりの宗教を考案したってもいい。超越的政治とか、心理療法的仏教とか、タントラ的地球に優しい環境活動とか。

どんな宗教であれ、意義や目的を持ちたがる私たちを満足させてくれるし、個人的な苦痛の意味を説明してくれる。そして、どれもが解放とは無関係だ。

* * *

死の時に何が起きるかは、それを理解する人が誰もいない時がくるまでわからない。

廃墟に残された人生

いろいろな意味で解放は大惨事であり、あなたの人生は廃墟の中に取り残されるかもしれない。それまで重要とされてきたものは、すべて奪い去られる。スピリチュアルな探求者としての人生を送ってきた場合はなおさらだ。

スピリチュアルな探求は、それはたくさんのニーズを満たしてくれる。スピリチュアルな探求からは、意義、目的、希望、救い、友情、支え、それに次のリトリートの費用のために働くという生活構造も得られる。ところが、一瞬の目覚めによってこのすべては消失してしまいかねない。

目覚めが起きても、行動を続けられる人はいる。相変わらず満月の瞑想に出席したり、グルの足元に集う会合に出たり、友達付き合いや仲間意識を味わったり。だが、これには危険が伴う可能性がある。もうあなたは真面目に探求しておらず、グルにもマントラや儀式や信仰にも真の献身をもって接していない。それが他の信奉者にばれたら、あなたは次の人身御供として太陽の下にさらされるかもしれない。少なくともグループから追放されるか、居心地の悪い思いをさせられて脱退を余儀なくされるだろう。

それでも私たちは解放を求めてやまない。すべてを失いたい、からっぽになりたい、空（くう）に落ちていきたい。それがどんなものかは想像できないけれど、そうなるのを期待している。私たちは消えてしまいたいのだ。

解放は素晴らしいけれど、すべての人にとって素晴らしいものではない。自分が消滅したところで、誰かが得をすることもない。

人が消滅するとは、死ぬということ。マインドが「人」の決定的要素と位置づけているものの大部分が——希望、記憶、うんざりしつつも心地よい親しみを感じている神経症でさえもが——消えてなくなるのだから。関係性や意味はなくなり、突然、人生には目的がないことがわかる。自分の信念、うぬぼれ、どこかに到達するという感覚のどれもが、一瞬のうちに途絶える。自分の幸せや自己改善への期待も消滅する。

とても恐ろしいことでありながら、心からそれを求めてもいる。私が消え去ったら人生はどうなってしまうのか、それどころか私が消え去った後に人生というものがあるのかどうかすら、さっぱりわからない。けれど、それが唯一可能な贖罪であり救済であると、どこかでわかっている。分離の苦しみを終わらせるために、私は死ななければならない。

だからこそ、私に与えられたこの偉大なる恵みの言葉をたびたび繰り返そう。早く死ねるといいですね。

自然な感情と神経症的な感情

解放を見いだしても至福感が永遠に続くことはないし、苦痛そのものがなくなるわけでもない。個人としての苦痛がなくなるだけだ。

解放においてはなんでも起こりうるが、神経症的な感情が減る、あるいは消え去ると同時に、自然な感情が湧き続けるようになる傾向はある。自然な感情には怒り、悲しみ、恐れ、幸福感などが含まれる。解放の中では、こういった感情がただ湧いてはまた消えていく。これらの感情は、ありのままに見える。自己とそれに伴う神経症によって弱められることがなくなって、自然な感情はむしろもっとパワフルに現れるかもしれない。

罪悪感、恥、心配、怒りっぽさのような神経症的な感情は、解放の中で消えてしまう傾向にある。個人、意味、個人としての成功や失敗の可能性といった、神経症的な感情を成り立たせていた信念によってもはや支持されないからだ。

希望や絶望も、もちろん消え去っている。

解放の中ではなんでも生じる可能性があるが、退屈が生じることはない。退屈は、個人のマインドの経験だ。解放においては何もかもが興味をそそる。手の形、コーヒーの味、濡れた道路を走る車のタイヤの音、何もかもが。

目下、ここでは退屈は未知なるもの。

解放の後、つまり人が真の死を迎えた後、そこにまだ残るのは性格と行動パターンを持った、機能する心身だ。好みや関心事、性格の特徴、奇癖や弱点なども残っているだろう。この人物は、運転するなら相変わらずフォード車よりホンダ車を好むかもしれないし、休暇はスコットランドよりフランスで過ごすのを好むかもしれない。ポーチド・エッグよりゆで卵の方が好きかもしれない。

スピリチュアルな存在という概念、好きも嫌いもなく穏やかに、超然とした態度ですべてに落ち着いて接するものだという概念も、マインドが作り上げた概念の一つにすぎない。悟りは特別なもの、今の自分とはかけ離れた別のものであると見なす必要性から、人はスピリチュアルなおとぎ話を紡ぎ上げるのだ。

自己鍛錬の行き届いた禁欲主義的な性格の人たちにとっては、超然とした態度を養うことは簡単だろうし、それは大勢の探求者を惹き付けるだろう。超然とした禁欲主義に惹かれるのは、茶目っ気やシルクのシーツよりも、清らかさや不快感の方が神に近いと思っている人たちだ。だが、それと解放とはなんの関係もない。

解放の後も性格は周知のままに気難しかったり、とてつもなく怠慢なままかもしれない。相変わらず、飛行機に確実に乗るために三時間前に空港に着いていなければ気が済まない場合だってある。

セラピーと瞑想

探求の合間にセラピーを受けに行く人もいるだろう。セラピーを受けて幸せになる可能性は十分にある——少なくともしばらくの間は。

R・D・レインは、セラピーを自分の牢獄から抜け出す手段と見なしていた。彼は、セラピーは私たちが容易に立ち上がり、牢獄から歩み去る助けになるとしてそれを支持し、「どんな場合でも、その牢獄の扉はいつも開いている」と言った。一方で、ただじっと座り、なぜ私たちが牢獄の中にいるのかを分析させるようなセラピーのことは批判していた。扉が大きく開かれている牢獄の中で座って「どうして私がここに閉じ込められたのか、詳細まで厳密に理解できるまで私は出て行きません」と言うなんて、彼にとっては無意味なことだった。

彼の言うセラピーとは、長々と過去を分析するというより、クライアントとセラピストが一緒になって「過去」を構築していくようなものだった。

実際のところ、セラピーを受けたからといって、私たちが閉じ込められていると思っている牢獄から出て行けることはまずない。牢獄とは分離という自分の感覚であり、そもそも牢獄など存在していなかったと明らかにしてくれるのは解放だけだ。ところが、セラピーを受けると空想上の牢獄がもっと心地よく――おそらく、ずいぶんと心地よく――なる場合がある。自分の牢獄をより心地よくするために時間を費やすというのは、人として分別ある行動だ。

しかしながら、セラピーは起きるか、起きないかだ。これについて対処できる人など誰もいない、そのことが見える可能性もある。

瞑想も、見かけ上の牢獄をさらに居心地のいい場所にするもう一つの方法だ。瞑想は楽しくリラックスできることもあるため、その人の神経症は徐々に和らぐかもしれない。だが、どこにも行き着くことはないし、瞑想している人など存在しない。瞑想によって浄化される人もいなければ、悟りに近づく人もいない。

私は長年瞑想を教えてきたので、瞑想がとても精密な個人的体験を引き起こしうることも知っている。探求者たちはそういう体験をスピリチュアルなもの、浄化が起きているサイン、悟りが近いなどと解釈しがちだ。その人がそういうものを求めていれば、そういうものを見いだすのだろう。

こういった体験は、トーストを食べることより価値が高いわけでもなければ、低いわけでもない。そして、瞑想する人もトーストを食べる人もいないということが、わかるかもしれない。

天国とは今のこと

人生を失うまで、私たちはそのすべてを天国探しをして過ごす。天国を求めて大勢の人々を虐殺したり、串刺しにして焼いたり、粉々に吹き飛ばしたりすることもある。天国を求めて多大な時間をひざまずくことや自らをむち打つことに費やしたり、薄いお粥を大量に食べたりする。天国を求めて病に臥している人を助け、ルーマニアの孤児を養子にし、自分バージョンの神を異教徒の頭にたたき込んだりする。天国を求めてあまり好きでもない仕事を一生懸命頑張ることもある——ベンツを買ったり、海岸の家を買ったり、ロレックスの腕時計を買うために。どれも気高く、卑しい。そのすべてが神聖だ。

死ぬまで天国は見つからないのではないか、という予想が起こることもある。

天国がどのようなものかについて、マインドは素晴らしいストーリーを生み出す。マインドは何バージョンもの天国のストーリーを延々と作り出すことができる。何人かの処女やナツメヤシのボウルが登場することもあるかもしれない。ハープを演奏したり、神をどこまでも崇拝したりするストーリーかもしれない。美しい風景はよく出てくる。数年前ラジオの番組で、ある人柄のいいタスマニアの老人が自らの臨死体験について語っているのを聞いた。彼が十四歳の時のことだ。彼の話では、川や緑豊かな風景、そして亡くなった親戚との出会いが語られた。彼は見知らぬ人に淡々とした口調で尋ねた。「ここが天国だというなら、キリストはどこにいるんだ?」。するとこう言われた。「ああ、彼ならあそこにいるよ。川べりで人々に話しかけているよ」

だが、臨死体験は死の体験ではない。それに、死んだ人がラジオで説明するはずもない。

未来のある時まで天国は見つからない、という予想が常だ。当然ながらその未来が訪れることは決してないのだが、そのことは滅多に気づかれない。

マインドは天国を探さずにはいられない。それがマインドの働きなのだ。マインドは、不満という現象を通して際限なく天国を先送りにし、天国とは今であるという事実を見えないようにしてしまう装置だ。マインドはそうするものであり、何もおかしいことではない。人がいる限り、マインドはそう機能しなければならないだけだ。

解放の中では、ここがすでに天国であることがわかる。時計を刻む音が天国。ぶどうの味が天国。カサカサと葉の鳴る音が天国。食器を洗う時の泡だらけの水の温かさが天国。絨毯を踏んでいる足の感覚が天国。マインドがつまらないと思っているものが、素晴らしいものとして感じられる。

これは絶え間なく変化し続ける、不変の奇跡だ。

シングルモルトの
アヴァター

I HOPE YOU DIE SOON

Words On Non-Duality and Liberation

彼は背が低く、ぽっちゃりと太ったカリスマで、黒っぽい優しい目をしていた。上品なインドの衣装を着て、金の刺繍のショールをまとっていた。彼の名前の意味は、至福の王なる師。彼を信奉する者たちは、彼を単なるグルとは思っていなかった。彼はこの時代のアヴァターだったのだ。彼はクリシュナであり、仏陀であり、キリストだった。その頃、他に少なくとも四人の師が唯一無二のアヴァターとされていたが、彼の信者たちは彼らをあざ笑った。この師こそがその人だとわかっていたのだ。

ある時、面倒なことになった。

グルはどうやら、三人の女性を口説いていたらしい。三人とも、彼の組織の高位についている女性だ。「私はキリストの生まれ変わりで、貴女はマグダラのマリアの生まれ変わりだ。私たちは二千年前は恋人同士だったのだ。今こそ、もう一度愛し合う時だ」と彼は言った。騙されやすい信者にとって、この口説き文句に抗うのはなかなか難しい。どの女性も彼を信じ、入れ替わりに彼のベッドへとついていった。

ある日、三人のマグダラのマリアは、自分だけがそうしているわけではないことを知った。ゲーム終了だ。誘惑され、中傷され、蔑まれたように感じた女性たちは激怒して、すべてをばらすことにした。急遽、緊急ミーティングが招集された。電話が行き交い、信者が呼び集められた。

三人のマリアたちは、グルが犯した数々の小さな罪が大衆の目に触れないようかばってきた。空になったウィスキー瓶をマットの下に隠してきたのだ。今こそ解禁の時だ。食器棚に隠れていた痩せこけた骸骨が、カタカタ音を立てながら姿を現す。もう誰も気づかずにはいられない。

グルは、しこたまお酒を飲みふけっていた。ステージで信者に講話をする前に、ウィスキーを丸々一本飲んでしまうことも時折あった。夜になって、さらにもう一本飲むこともあった。信者の取り巻きグループは彼のためにいつもお酒を調達し、証拠を隠蔽し、リトリート・センターから空になったボトルをこっそり持ち出すのに忙しくしていた。手を貸してもらわずにはステージに上がって赤いビロードの王座に座れなかったことが、少なくとも一度あった。彼がよろめくので、王座の両サイドに一人ずつ信者がついて、彼を支えなければならなかった。

おそらく、彼の卓越した才能——スコッチ漬けになると、スピリチュアルなアイデアを紡いで、理路整然とした話のタペストリーを即興で織り上げられるという才能——が、彼の神聖さを証明するステイタスとなっていたのだろう。シングルモルトのアヴァター。アル中の神。

グルは時折スピリチュアルネームを付与したが、それをもらえるのはことさら特別な信者だけに限られていた。これらの名前は、一番深い瞑想状態に入って、その人のもっとも純粋な霊的本質に波長を合わせた時にやってきたもので、その名前の波動は本人だけが持つ徳にまさにふさわしいのだと彼は言った。ところがある時、誰かが気づいた。それらの名前は、グルが毎日車で自宅からオフィスまで通う際に通り過ぎる、ケープ・タウンのインド人街にある家々の名前だったのだ。

彼は自分のために惜しげもなくお金を使い、巨額の浪費をしていた。

彼が奥さんと娘に暴力を振るっているのを見た、という非難すら上がっていた。なぜ彼の信者たちは、こういうことをすべて秘密にしていたのだろう？　自分たちがどんな立場に置かれているか気づいた頃には、もう深入りしすぎて引き返すことはできなくなっていたのだ。この男に従うために彼らは仕事を手放し、恋人を手放し、家を手放していた。彼らはそれを神聖な計画と信じ、膨大なエネルギーをこの計画に捧げていた。

こうしてこのグルは、献身的な信奉者たちに少なくとも一つの贈り物を渡した。もう決してグルには感化されない、という贈り物だ。

カリスマいかさま師の存在にも意味がある。深刻にとらえない、ということを知らしめてくれるのが彼らだ。聖人よりもいかさま師のストーリーの方が、学ぶことは多いのかもしれない。

インタビュー

▶▶▶ 2005年7月

――まずあなたの著述内容についてお聞きしたいのですが。言語では二元しか表現できないとおっしゃっていますね。それなのに、なぜ非二元について話そうと試みるのですか？

リチャード　それは、言語を使うか沈黙したままでいるか、どちらかの可能性しかないからです。沈黙していてはいけない理由は特にないけれど、話すのが愉しい時もある。言葉は断固として二元的だから、非二元を言葉で説明するのはまず不可能です。言葉はこれとあれ、こちらとあちら、今とあの時というふうに、ものを分断します。それでも、非二元について話し合うためには言葉を使うしかない。非二元がどういうものか言葉が指し示してくれるだろうし、勘違いを解くきっかけにはなるでしょう。非二元以外のことなら言葉で説明できるかもしれないし、そこから何か興味深いものが見えてくる可能性もあります。

――明快な質問からするべきでしたね。非二元とはなんですか？

リチャード　あるのはワンネスのみ、すべてはワンネスの現れであり分離はない。この現実を表現しようとした一つの単なる言葉、それが非二元です。二元の夢の中では人も物も常に分離しているように見えますが、それは見かけにすぎません。非二元は見かけ上のものを見抜いています。もう早々に言ってしまうと、人は救いがたいほどいつも二元性に浸って生きているけれど、その二元性を見ているのは人ではなくワンネスなんです。

――まったくもって把握できそうにないのですが。

リチャード　無理。不可能ですよ。把握なんて不可能です！

――チャリング・クロス駅でどんなことが起きたのでしょう、何か説明していただけたら、読者にもわかるかもしれません。

リチャード　（笑）ああ、チャリング・クロス駅ですね。５番プラットフォームだったんです、そこが肝心だとまずわかってもらわないと。

――我々はその５番プラットフォームに行かなければいけないのですか？

リチャード　そう。プラークや神殿、永遠の炎があるプラットフォームだから。

――ウェスタの巫女とか？

リチャード　鉄道会社のスタッフは、誠意をこめて神殿のことに応じてくれます。ウェスタの巫女のことを尋ねたけれど、予算がなくて巫女は置けなかったらしいよ（笑）。

そこで起きたことはとてもシンプルだったのだけど、説明するのはとても難しい。目の当たりにしないことには、理解はできません。何が起きたかというと、人が完全に、一瞬にして消えてしまった。「何が起きたか」と言ったけれど、実際には何かが起きたのではありません。これについて話すのがとても困難なのは、見かけ上の物事は時間の中で起きるからです。人が消えるというのは、時間の中で起きる出来事ではない。時間を超えたところでそれが起きること、そしてすべては無時間だということがわかるんです。

ストーリーとしては、その消えた人はすぐに戻ってきます。この時はそうだったし、いろいろな人と話したり人が書いたものを読んだりしての自分なりの理解でもそれはかなり共通しています。一瞬にして人は完全に消滅し、次の瞬間には戻ってくる。かなりのショックを受ける場合がほとんどです。「なんだ、今のは?」って。

ただ、人は戻ってきたとしても、もう以前には戻れない何かが起きてしまった。見かけ上個人と思っているものの中で、決して取り消すことのできない変化が起きているんです。これは人によって違うでしょうから、私にただできることは、このキャラクターの場合について話すことだけ。もし聞きたければ、このキャラクターがその後どんな変化を経験したか話すことはできます。その出来事自体について、これ以上話せることはほとんどありません。著述で表現しようと試みたけれど、とてもうまくいかない。想像を絶する、としか言えません。「それを想像してみて」とは言えるけれど、想像するのは実際不可能です。

次のことをためしに想像してみてください。ここにそのままの自分がいて、突然、一瞬、すべてはまったく変わらない中で自分がそこからいなくなる。でもその完全なる意識は依然としてある。これは空の意識とか、虚空の意識と呼ばれたりします。自分がまったくからっぽになっているからです。ある意味かなり正確な描写だと思うけれど、描写することの問題点は、これは絶対に想像することはできないというところにあります。

人として三十年も四十年も五十年もずっと自分の人生と思って経験してきたことは、これとはまったく関連がありません。ところが、この消滅の描写を聞いたマインドは、本人のそれまでの経験とこれを結びつけようとします。マインドは、個人の経験と繋がりを持たせることで、意味を把握しようとするでしょう。でも、起きたのは個人の経験ではない。なぜって、そこに人はいなかったのだから。前に起きたことと関連づけてこの出来事を理解できる可能性はゼロなんです。

——それは人に起きたのではないのですか？　あなたに起きたのではないのですか？　かなり理解しがたいですね。

リチャード　理解は不可能です。いろいろな経験をしている人がそこに常にいる限り、これを想像することはできません。まあ考えとして抱くことはできるけれど、人が不在となっている状態がどんなものか、知ることはできないですね。

——これについて論じようとすること自体、問題があるみたいですね。

リチャード　その通り。まったくもって厄介です。

――その出来事と服屋での出来事を比べたら、何かわかるでしょうか？

リチャード　言葉を使うしかないので、その初めの出来事で起きたことを「目覚め」と呼ぶとしましょう。誰もそこにはいないこと、これがあるものすべてでそれはまったく自分を介さずに存在しているということが、突然見えたという意味で。そして、それまでの経験はすべて自分を介していたという気づきがそこにあった。この自分は、主観的な自分と言ってもいいです。チャリング・クロス駅では、突然その自分がまったく不在となった瞬間がありました。これは、自分が無であることが見える、というふうに言われたりもします。ニサルガダッタは、自分が無であることが見えるのは英知だと言っています。そしてさっきも言ったように、これはもう二度と戻れないほどの変化をもたらします。この存在に対してもたらした、とも言えますが。

一人の人としてのこのストーリー、まるで意味はないこのストーリーの中では、二度目の出来事は約一年後に起きました。実際には時間を超えた、永遠の中で起きたのですが。これはとてもうまくは説明できません。ストーリーとして成立するように時間の枠内での言い方をすると、それはずいぶん長く継続した出来事でした。もう一度言うけれど、これは経験ではないんです。経験している人なんていませんからね。この時は、前よりも遥かに穏やかに、完全に人は不在になっていました。ただこの時は、意識とは「いたるところ」なのだとわかった。この言葉を使うと誤解を招きやすいのはわかっています。「いたるところ」というと空間のニュアンスになってしまうけれど、この意識には空間など存在していないからです。意識はすべてであり、いたるところであり、すべての非物質であり、そしてどこにもない。これについてストーリーを語るのは、決して思い起こせない絵を思い起こそうとするようなものです。

たまたまその時、私は息子にスーツを買おうと思って服屋にいました。するとあの意識——もしくは「私」という感覚と言ってもいいけれど、それが人とはなんの関係もないということが見えました。意識がすべてとして姿を現しているのが見えたんです。その意識は周囲の環境、壁、床、天井、カーペット、外の道路、通り過ぎる音、お客さんや店員の中に等しくあったけれど、そう見えている物と物の間の空間の中にもあった。「意識はいたるところである」と言っているのはそういう意味です。つまり、意識は肉体があるように見えているここと、あの壁があるように見えているあそこ、そしてその両者の間にも同じように存在していたということ。だって、ここも、あそこも、その間もないってことが見えていたのだから。壁も空間も、人やお客さんとまったく同じ意識なんです。

　人のストーリーとしては、この出来事はしばらく継続しました。その続きについて説明するのはどうやっても不可能です。ただただ謎である一方で、この出来事の中ですべてが無条件の愛だということが見えている。無が、無条件の愛としてただ姿を現している。壁、人、その間の空間が無条件の愛なんです。これ以上、こことあそこという二つを繋ぎ合わせようとして言えることはないように感じます。原因があって結果がこうだなんて言う気にもなれない。「私はすべてである」とわかったことには「すべては無条件の愛だ」ということも含まれていた、と説明するしかできません。ニサルガダッタの話に戻りますが、彼は自分が無として見えるのは英知であり、自分がすべてとして見えるのは愛だと言いました。私が著書で解放と言っているのはこのことです。

解放がもたらしたものは——時間の枠内での出来事、ストーリーとして言葉を使って説明するなら——探求の完全な終焉です。分離の感覚から楽になるために何かを探し求めていたけれど、その分離という感覚がなくなった。それがその時にわかり、これがそれなのだとわかって以来、それはずっと続いています。行くべき場所も探すものもなく、すべてはこの中で完全なんです。

——分離の感覚についてですが、「すべては分離感に煽られている」とおっしゃいましたね。どういうことか、説明していただけますか？

リチャード　分離の感覚とは、自分は分離した存在で、それゆえ傷つきやすく、脅かされているという個人の感覚のことです。人の行動と見えているものはすべて、根本ではこの分離感を終わらせたいという思いが動機になっています。

ほとんどの人はほとんどの時間、これを意識的に自覚していません。だから、ほとんどの人は喪失感や自分は弱いという感覚を持っていて、これではだめだと感じています。その感覚は、もし新しい車を買えば、仕事で昇進すれば、恋人がもっと優しくしてくれたら、新しい恋人ができたら、田舎のもっと大きな家に住んだら自分は満たされる、という思いとして現れます。

稀に、実在感の喪失として自覚されることもあります。それでもやっぱり、個人が行おうとするすべてのこと、もっと優しい恋人やもっと大きな家を手に入れようとすることの動機は、これではだめだという感覚が元になっています。

いつも何かが足りないという感覚、脆弱性に対する恐れ、どうにかすればその弱さを修復できるはずだという思い——これが私の言う分離の感覚で、すべてはこの分離の感覚に煽られているのです。

——「過去が二次元的になった」とおっしゃいましたが、それはどういう意味ですか？

リチャード　その意味を示唆してみることはできます。言葉を使って不十分な説明を試みることならね。これは、目覚めが起きた一瞬についての記述で言及したことですが。

人である自分は戻ってきたけれど、さっきも言ったように、もう二度と取り返しのつかない変化が起きていました。その取り消し不能な変化の一つは、過去に実体がなくなったということ。それが起きるまでは、この人は人生の大部分を過去に生きていたんです。大勢の人がそうしているようにね。言い換えると、この人物は懐古欲求がとても強く、後悔にかなり突き動かされていた。後悔があると、罪悪感が生じることがあります。たとえば、多くの人と同様に、このマインドは過去を繰り返し再生していました。私はよく過去のシーンを反芻していたし、いろいろな物事の成り行きを残念に思っていた。この見かけ上の人物がやったことについて、マインドはあれこれと考えを巡らしてばかりいました。過去はとてもリアルな場所だったし、想像の中での過去の記憶にはしっかりと実体がありました。

　目覚めの一瞬を経てから気づいたのは、「それはただもう終わったんだ」ということ。私にはそう伝えることしかできません。因果関係など到底わからない。目覚めた後に人物は戻ってきたし、まだまだいろいろな面で不満はあった。けれど、過去の現実性は見抜かれてしまった。過去を鮮やかに再現することはできなくなっていて、過去をまた訪れたいという衝動はほとんどなくなっていました。本には「これはアルツハイマーではないからね」と書いたけれど（笑）、記憶喪失ではないから、その後も簡単に思い出すことはできました。たとえば、学校の初日に何が起きたかとかね。ただ、そんな出来事を思い出そうという衝動がなくなっていた。なんらかの理由によってマインドがパッとその記憶をちらつかせても、そこにエネルギーはありませんでした。そのシーンはもう生気を失っていて、つかみどころがまったくない。過去の鮮やかなイメージは消えてしまい、それとともに過去の後悔や罪悪感も消えたんです。もう過去の何もかもがリアルに見えないから、そこへの後悔や罪悪感もなくなったということです。

――そんないいこともあるんですね！

リチャード　解放が目の前に現れると探求は終わる。それは素晴らしいことです。この人物にとっては、目覚めの中ではすべてが終わり、誰もいなくなりました。個人の苦しみ、個人の苦痛、そういったものは起きようがなかった。それで、人物が戻ってきた時の反応はというと、「うわ！　なんだこれは！」でした。人物が戻ったということは、その人物の現実も戻ってきたということ。だから、その後一年くらいはとても大変でした。神経症的な感情はまだいろいろ残っていて、退屈感、イライラ、それにいくらかの落胆もありました。探求はまだしっかり続いていたし、分離感もかなりあって、ある意味では前よりひどくなっていた。というのは、分離の感覚はまだ残っているのに、何を探求しようとまったく意味がないことがわかっていたから。

スピリチュアルな探求と精神療法に三十年を費やしてきた私は、不快な感情や不快な思考に対処するための効率的なテクニックを、自分の周りにしっかりと築き上げていました。これらのテクニックはしばらくはとてもうまく機能したけれど、いつも一時的にしか効きませんでした。そのテクニックで分離の感覚を癒せたことは一度もなかった。ただ、確かに牢獄をもっと居心地のいい場所にはしてくれたけれど。

それがもはや、ある意味でこのすべてのテクニックが崩壊してしまったわけです。望みは断たれ、絶望だけが残りました。「目覚めから解放までの時期は、砂漠にいるような気持ち、無力感、絶望、無意味さを味わうことになる」とよく言われるのは、こういうことです。何一つ意味などないこと、そして、苦境に立っていようとそれをどうこうできる人物など誰もいないのだから、何も助けにならないし望みもないことがわかっている。それでも苦境は存在するのだから、それはつらい状況になるはずです。

――あまりよくない状態がずっと続くみたいですね。

リチャード　（笑）ずらずらと説明するより簡潔にシンプルに言うと、私の言っているのはこういうことです。人のように見えているこのキャラクターにとっては、目覚めの後に人物が戻ってきてからも探求は続いた。とても強烈にね。そして、解放の中でその探求はあっさり途絶えた。そこに探求はもうなかった。解放を見ることを、単純に探求の終焉と定義することもできるけれど、それだとあまりに限定されすぎるからそうはしたくない。解放が見えたら、途端に何も必要なくなります。そこに求めるものなんてありようがないでしょう？　分離などないとわかるから、探求は終わりを迎えるしかないんです。

――とらえどころがないけれど、わかります。

リチャード　まったくとらえどころはないんです、残念ながら。

――これを読んでいる人たちは悩むでしょうね。どこまでも矛盾していて、予想もつかなくて。「人などいない」とおっしゃいましたが、どういう意味かもっと説明していただけますか？

リチャード　解放の中では、人はいなくて現象――感情や思考、視覚刺激、触覚刺激、聴覚刺激――がただ生じます。私が「これ」と呼んでいるのはこのことです。これを見ること、なんであれ現象がそれ自体を示している様子を見ることが、そこに存在しています。解放の中では、意識の中でこれらの現象が人を介さずにシンプルに生じているのが見えるのです。

――あなたと私は、明らかに今ここで対話していますよね。皆、尋ねるでしょう。「私はこの部屋にいて、あなたはここにいる。それをどうやって否定などできるんだ？」って。あなたに騙されているんじゃないかと思うかもしれません。

リチャード　（笑）これは、目の当たりにするまではわからないです。（自分を指して）ここにあるのは意識で、その意識の中にすべてが生じます。ここに生じるものの中に、もしかしたらある人物という感覚があるのかもしれません。一方、（インタビュアーを指して）そこにあるのは、なんだろう、一人の人物という感覚でしょうか？　こう言うと挑発的に受け取る人が多いですね。そうでなければ、困惑するか興味をかき立てられるかです。でも、多くの人にとってはまったくつまらない話で、その人たちはもっと面白いことにさっさと身を移すでしょう。

ただ、その人物の反応がどんなものであれ――挑発ととろうと、興味を持とうと、退屈しようと、魅了されようと――それはなくなるまでそこにあり続けます。これには二つの意味があります。一つは、何か別のものが生じるまでそこにあり続けるということ。おそらく三秒から三分、お茶を淹れるくらいの間ですね。もう一つの意味は、その人がその反応に何度も戻ってくるかもしれないということ。たとえば、あなたは私が言ったことについて、ずっと挑発されているように感じ続けるかもしれないということです。挑発されている感覚が止むまで、何度も反応を繰り返す可能性もあります。そして、人が消えるとその感覚は確実に止まる。その時、「これ」はもう否定しようがありません。それを否定できる可能性はゼロでしょう。

そしてもう一点。あなたは私の書いたものを読んだと思うけれど、もう一点、私が強く断言していることに気づくでしょう。そう、これはスピリチュアルな体験とはまったくなんの関係もないのです。瞑想し、自我を超えるテクニックの数々を実践してきた人間としての私には、ありとあらゆるスピリチュアルな体験がありました。私は瞑想をし、それが解放に繋がるといつも思っている人間でした。チャリング・クロス駅の、あの瞬間まではね。その後人が戻ってきてからも、このキャラクターもしくは人物が行ってきたことは解放とはまったく無関係だという認識は残っていました。三十年間瞑想してきた人であろうと、三十年間ずっとアル中だった人であろうと、解放は人物とは関係がない。これがもしあなたを怒らせるとしたら、そうでなくなるまでその状態が続くでしょうね。

――スピリチュアルの分野においては革新的なことのようですが。

リチャード　ところがそうでもないのです。このメッセージ、または会話と呼んでもいいけれど、これはずっと前からありました。ただ、スピリチュアルな進化のストーリーに比べたらあまりにも魅力に欠けるために、滅多に聞かれません。「私という人間には何かが欠けているけれど、洞窟で胡座をかいたり線香を焚いてお経を唱えたりすれば、その欠如を埋めることができる」というメッセージの方が遥かに魅力的ですからね。伝わっているのはほとんどこちらのメッセージです。でも、先のメッセージはずっとあったんです、そこに関心を向ける人があまりいなかったというだけで。タントラ・セックスや、天使や神が見えるようになるために電気ドリルで自分の身体に穴を開けるなんていうのに比べたら、先のメッセージは全然面白くないでしょう。

今あなたとどれくらいの間話しているかわからないけれど、スピリチュアルな内容についてはこの百倍は話せます。私がもしその気になったらね。でも残念ながら、スピリチュアルな内容を話したがる人物はもういません。

——リチャード、あなたの「早く死ねたらいいですね」という発言についてお聞きしたいのですが。明らかに従来の挨拶の言葉ではないですよね！

リチャード　（笑）はっきり言っておいた方がいい気がしますが、これは私に向けられた恵みの言葉です。私はただそれを伝えているだけで。

解放を目の当たりにするまでの一定期間、私はトニー・パーソンズのトークや対話を聞きに行っていました。それで、あるミーティングの終わりに、私は相当やけくそな態度だったらしくて（笑）。私はそこそこ定期的にトニーに電話をしていて、彼は私の絶望ぶりを聞いていました。だから私はそのミーティングの終わりに、私の絶望について何か言葉をもらえないかと彼のところに行きました。すると、彼は私を強く抱きしめて、「早く死ねたらいいね」と言ったんです。私にとってはこれがこの上ない恵みの言葉だったから、それを人にも伝えています。

目覚めの後、人だと思っている人たち——明らかに私もその一人だったけれど（笑）——の中に、ある種の絶望が生じる場合があります。あらゆる探求に疲れ果てたり、獲得した功績や身につけたテクニックはどれも一時的な安らぎしか与えてくれないとわかったりしますから。

もしかしたら、根本的なところで探求を煽っている、この分離の感覚に触れることが起きていたのかもしれません。そしてあるレベルでは、その分離の感覚を終わらせることなどできないと理解していたのでしょう。唯一の救いは解放を目の当たりにすること。でも、人がそれをどうこうすることはできません。

トニーは明らかに私の落胆を好転させました。あの言葉は、いわば彼からの贈り物でした。助けになったとは言いません、助けになるものは何もないですから（笑）。彼がそう言ったのは、私という個人の終わり、自己の死が起きるのを願ってのこと。つまり、それが解放を目の当たりにする唯一の可能性なんです。

これが見えるためには自己が死ななければならないと言われたりします。「しなければ」と言うと義務や課題が示唆されてしまうのが問題ですが、それが意味するのはただ、これがすでに解放であり、自己が消失するまで、自己が死ぬまでは、それを知ることも見ることもできないということ。もしあなたが解放を見たいというなら、あなたも早く死ねたらいいですね。

トーク

▶▶▶ 2005年11月

リチャード　ここで話していることの核心は、誰もいない、人物など存在していないということです。一人の人間がいるという印象は、一種のトリックで生じている、うわべだけのものです。この空間の中で一人ひとりは別々に存在しているかのように位置づけられており、意識はその個人の中に凝縮されて入っているように思えます。目覚めの時に何が起きるかというと、ほんの一瞬という場合が多いのですが、その意識が実際はいたるところであることが突然見えるのです。誰かがそれを見ているのではありません。その一瞬、その人物はもう存在していないのですから。人物がいる間は、この目撃はありません。それが突然、人物が消え、このことが見えるのです。その後、またすぐに人物は戻ってきます。ショック状態かもしれませんね。

　その人物が戻ってくると、この出来事について想像上のストーリーを作り、自分の体験としたくなるかもしれません。特に、個人が消えるまでスピリチュアルな探求をしていたりグルにつきまとったりしていた場合、その人物が戻ってきた時に、自分のスピリチュアルな成長に絡めてストーリーを語るかもしれません。スピリチュアルな努力をしてきた人は、その出来事とその努力を関連づけて、「自力で達成したこと」と考えがちなのです。でも、努力する人どころか人など誰もいないと、その一瞬はわかっています。幻想上の人物が自分は実在しないことを目の当たりにするなんて考えは、まったくばかげています。ばかげたことに聞こえるといいのですが……。ばかげて聞こえるべきなんです。

目覚めがこれ以外の形で起きるケースを聞いたことはあります。かなり重大なこのほんの一瞬の出来事について、そんなものは存在しないという人たちもいます。そういう人たちは、ほとんど気づかないうちにこれを見ているようです。

のちにもう一度出来事が起きて、その後は人物が戻ってこず、人物とはただの見かけにすぎないことが見え続けるという可能性もあります。それに、この状態に徐々に移行するということもありえます。重大な感覚を伴う出来事はまったくなくてもいいのです。ともかくも、もはや人は誰もいないということが「永遠に」見えています。「永遠に」という言葉を使うのは、この出来事は自分のものだと主張する人物が戻ってくることもなく、どんなことが起きているように見えようと、それが過去に人として経験してきたこととはなんの関係もないことがわかっているからです。

人がいないのですから、選択というのは存在しないこともわかっています。この部屋に、選択ができる人などいません。この部屋で起こっていることといえば、ただ意識が自らについて語るのを自らが聞いているだけ。意識にとっては、それも時には楽しいようです。

意識はたいてい、大通りで酔っぱらったり、地球を救済したり、テレビを観たりする方に夢中になるみたいです。でも時折、意識が自らについて語り、それを自らが聞いているのを観察することにも魅了されるのです。

レオ・ハートンは、非二元に関する彼の本のタイトルに、夢への目覚め(awakening to the dream)という表現を用いています。解放を目の当たりにしている時、現象世界では何も変化しません。相変わらず車は修理が必要だし、猫には食べ物を与えなければなりません。ただ、それは夢として映ります。目覚めは存在していますが、誰も夢からは目覚めていません。これは夢であり、人は夢の中の登場人物であるという現実への目覚めがそこにあるのです。

夜夢を見ている時、夢の中の体験は確かにリアルです。馬の後を走って追いかけていたら、その馬に羽が生えて空へ飛び立つとしましょう。これが起こっている間、あなたはそれをすっかり信じています。直後に目が覚め、そこでそれが現実でなかったことがやっとわかります。寝ている間にどれほど信じていようと、朝目が覚めれば、その夢は現実ではなかったと確実にわかります。

目覚めと解放とは、日常生活という夢に目覚めることです。分離した人間という感覚がある間は、議論の余地なくこれは現実だという確信があります。ですが、解放を目の当たりにし、分離した人間などいないということが明らかになると、日常は夢に見えます。朝になって羽の生えた馬が現実ではなかったとわかるのと同じように、ここに他の皆から分離した人が座っているという感覚、その人は自由意志のもとに動いているという感覚は現実ではないことがわかるのです。

――夢があまりにも鮮明で、目が覚めた時に本当にショックを受けたことがあります。

リチャード　ショック状態であれ穏やかにであれ、目が覚めた時には、寝ている間は現実だと思っていたものが実際には現実でなかったという確信があるでしょう。明晰夢を解放にたとえることができますね。夜中に寝ていても、明晰夢ではそれが夢だって自覚しているわけですから。

解放によって、起きている現象が変わることはありません。スピリチュアルな道を歩んでいてグルと瞑想しているような人は、悟りの現象についてのワクワクするような概念に目が向きがちです。悟りというと素晴らしい状態のように聞こえますが、解放はこれとはなんの関係もありません。解放の中でも、現象はそのままです。ただ、分離がない。そのことが見えています。

ですから、目覚めているのも眠っているのも同じことです、ただ、寝ているとそうは感じません。寝ている人が目覚めるという概念に興味を抱きはじめると、それが発見されるべき素晴らしい何かのように思えるのです。スピリチュアルな探求は、このような観念を中心に発展する傾向があります。マインドはスピリチュアルな探求について複雑なストーリーを紡ぎ出します。素晴らしい何かがあってそれを発見しなければならない、おそらくインドあたりではそれを発見した素晴らしい人たちがうろうろしているのだろうなどという考えの上に、ストーリーは展開します。いつか自分もそれを発見するかもしれない、そうすれば自分に特別なパワーが備わり、いついかなる時も至福感に包まれ、友人たちは私を羨ましがるだろうな、といった具合に。これはマインドが紡ぎ出す単なるストーリーですが、寝ている間にそれに気づくことはないでしょう。

非二元について語っている人は大勢います。多くの人が自らを「教師」と名乗っていますが、私はそれについてはとても慎重に見ています。なぜなら、これについて教えることなど何もないのですから。私たちにできることといえば、非二元を説明するなど実際は不可能だということを認識しながらも説明を試みる、ただそれだけです。説明が不可能なのだから、うまくいかないに決まっています。だから皆、力を抜いていいんです。
　スピリチュアル・ティーチャーたちは、何かになること、つまり不十分な人が改善する必要性を説きます。スピリチュアルな道は、悟りにふさわしい、もっと良い人間にならなければならないと感じている人が歩くものです。ですが、ここにパラドックスがあります。もっと良い人間になるためにスピリチュアルな道を歩むわけですが、改善しなければならない人物などまったく存在していないのです。誰もいないことがわかると、選択をするという考えはばからしいものとなり、剥がれ落ちます。あなたは神聖な操り人形なのです。あなたはワンネスの息吹が生んだ登場人物です。改善の余地などありえましょうか？

――私たちは皆、どうあろうと完璧だとおっしゃっているのでしょうか。この私たちのありようが、まさに完璧だと。

リチャード　そうです。ただ、人物はそのままで完璧であっても、自分でそうは感じていないので、瞑想に走ったりスピリチュアルな道を選んだりします。より心地よくなるための他の方法として人気があるのは、セラピーを受けることです。セラピーをやり通し、最終的には以前より幸せに感じている人物になるかもしれませんが、それでもなお人物がそこにいるので、分離感は残っています。切望は続いています、何かが足りないとわかっているのです。その足りない何かとは、私たちが生まれた時にあった、あの一番初めに感じていた一体感です。

私たちがどんなことをしようと、分離感は決して癒されることはありません。人がいる限り問題は生じるからです。本当のところ、その人そのものが問題なのです。セラピーも瞑想も素晴らしい行為で、きっとあなたの牢獄を心地よいものにしてくれるでしょう。ですが、あなたを牢獄から出してはくれません。い、い、か、あなた自身が牢獄なのですから。正確に言うと、人が自らの牢獄から出ることなど不可能なのです。なぜなら、一人の分離した人物が存在しているというその感覚が牢獄を成しているからです。そのせいで、私たちはこれが天国だと気づけないでいます。人が消えると、牢獄などありはしなかったこと、ここはずっと天国だったことがわかります。私たちはずっと天国にいたのです。私たちにできることなど何もないのですから、くつろげばいいのです。あきらめていいのです。まったく手の施しようがありません。どの選択もすべて幻想です。あきらめると力が抜けて、その中で解放が見えるかもしれません。

――私は鬱を経験して、リアルなものなどない、すべてがどうでもいいのだということがクリアにわかりました。

リチャード　すべて、意味などないのです。映画『カサブランカ』の最後の場面で、スクリーン上をハンフリー・ボガートとクロード・レインズが、ともにジャングルへと歩み去りますよね。映画が終わると、それはただの光の遊びだったことがわかります。

――リアルなものなど一つもないと私はわかっていましたが、他の人たちは私を立ち直らせなければと思っていました。

リチャード　善意ある人たちはやってきて言うでしょう。「あなたを救い出さなければ。あなたは病気なんですよ」と。

――「自分はここにいないのだ」と知って、ちょっと怖くなる時がありました。

リチャード　そう、ここには誰もいないんです。三十年前にこういうことを話したなら、ずいぶん心配されて、精神科医に診てもらった方がいいと誰かに言われていたかもしれませんね。

――ええ、実際そう言われました。

リチャード　今でもありえますが、その頃は「私は人ではない」と表現すると、どこかがおかしいと解釈される可能性がありました。スザンヌ・シーガルはこのことについて『*Collision with the Infinite*（無限との衝突）』で述べています。彼女にとっては深遠なレベルで人が消滅したのですが、彼女にはここで話しているような、それを落とし込める枠組みがなかったのです。彼女は怯え、混乱し、十年ほど精神科医にかかりました。どの精神科医も、彼女は何かがおかしく、治療が必要だと思いました。彼女が恐れをあらわにしていたからです。その後、ようやく彼女は統合や解放について理解している人たちに話をしはじめました。すると、恐れは消えていき、これは大丈夫なのだと思えるようになりました。

——私の場合、その経験をしてから物質的なものがどうでもよくなりました。

リチャード　何をとっても意味などないのだとわかると、ものの見方が完全に変わる傾向があります。これは、気が滅入るようなことではありません、すべての意味づけは人のマインドが生み出すストーリーにすぎないと、ただわかるのです。見かけ上の人を作り出すのは、思考の流れです。その人にとっては、宗教、ショッピング、政治その他なんであれ、物事はたいていとても意味のあるものに思えます。でもその時、それがすべて見透かされてしまうのです。

――そうやって人が消えてしまった人たちに、精神科医はなんと言うのでしょう？

リチャード　どんな精神科医かによります。運が良ければ、こういうことを知っている精神科医にあたるかもしれません。一番いいのは、人のいない精神科医、人が不在となっている精神科医を見つけることです（笑）。稀でしょうけど。あと、それが見えている時、そのことをどう話すかによる部分もあります。人によっては他の人より大きなショックを受けますからね。アメリカのある女性は、これを見てから二年ほどボーッと過ごしました。彼女は不幸でもなんでもなかったのですが、ただボーッとする以外に思いつかなかったのです。二年が経って、やっと彼女はその話を人に伝え始めました。

＊＊＊

――自由意志などないということですか？

リチャード　私が言っているのは、人がいないということです。だから、自由意志などありえないでしょう？

――でも私には自由意志があります。今晩、いつものように歩いて帰宅してもいいし、別の手段で帰ることもできます。選択ができると思っています。

リチャード　ええ、もちろん選択できる気にはなります。そこには人がいますからね。

――では、人がいなければ自由意志もないということですか？

リチャード 選択をしている人がいるように見えているのです。歩いて帰宅している途中で、「ここで左に曲がろうかな」という思考が湧きます。それとはまた別に、「ここで右に行ってもいいいな」という思考が湧きます。そして、「僕は左を選ぼう」と三つめの思考が湧きます。まるで選択肢があるかのように……。ですが、生じているこれらの思考は誰のためのものでもありません。あなたが帰宅するのに、左か右どちらに曲がるか選ぶことができると思っていても、それはそう見えているだけで、そこにはなんの現実も伴ってはいないのです。

面白いことに、自由意志は幻想だということが最近の科学実験で示されています。何かをしようと顕在意識が意図する約三分の一秒前に、その行動を司る脳の部位が作動することがわかったのです。つまり、「ここで左に曲がろう」

と思う約三分の一秒前に、あなたの脳は左に曲がろうと作動しているということです。脳が作動して初めて、あなたの意識に思考が起きる。このことには私たちを揺るがすような暗示があるのですが、無視されがちです。人のあり方に対する私たちの枠組みと矛盾するからですね。

――知性というものがあることはわかっていますが、知性はどこからやってくるのでしょう?

リチャード　突き詰めていくと、知性は驚くべき謎としか言えません。思考は無から生じます。でも、人がいる限りは、選択というものがあるという感覚がしっかり存在します。ほとんどの人は、選択はないという概念に強い抵抗を示します。この提言に怒りが込み上げることもあるでしょう。私たちに選択の余地がないとなると、人としての多くのことが無用になってしまうように感じるからです。

無用になってしまうことの一つがカルマです。カルマの根本原理は、私たちは結果を伴う選択をしており、その結果は私たちに必ず返ってくるという概念によって成り立っています。この根本原理は通常、生まれ変わりの概念とセットになっています。生まれ変わりがなければ成り立たなそうだからです。必ずしも全員が、当然の報いを受けているわけでないのは明らかです。ひどいことをしても、今生を何不自由なく生きている人もいます。

カルマの概念は、意志の力を持ち、選択している人がいるという概念に依存しています。カルマについては仏教においてでさえ熱心に説かれています。人というものは存在しないこと、見せかけにすぎないことを仏教の根本原理は明らかにしているのですが、多くの仏教の教えはカルマのストーリーに固執しています。カルマは素晴らしいストーリーで、マインドはカルマが大好きです。なぜかと言えば、すべてを公平であるかのように見せてくれるからです。それはまるで、すべての重さを量って報いを分配してくれる、正確で神聖な秤のようです。それに、かなり美味しい話でもあります。誰かが憎らしいことをしたら、やつは次はミミズに生まれ変わるんだと自分に言い聞かせることができますからね。

＊＊＊

――私が生きてきた中での一番の悩みの種は、恐れの思考です。もうこれ以上恐ろしいことを考えるのは嫌だと思っていても、どうしたらいいかわかりませんでした。思考を止めたいと思いました。

リチャード　誰が思考を止めるのですか？　思考は生じるか、もしくは生じないかです。夢を見ていない睡眠中は別として、通常は生じます。でも、考えている人などいません。ところが、スピリチュアルな道のストーリーでは、思考は邪魔なものとされる場合がよくあります。解放とは沈黙の奥深くに入ることで、そのためには思考が止まっていなければならないという概念があるのです。

そこには、人は自分の思考を止めることができるという前提があります。まったくばかげています。解放の中では、思考をしている人などいない、思考を止められる人などいないということが見えています。思考は邪魔なものではなく、それが沈黙を覆い隠すこともありません。常に沈黙のみがあり、そこからすべてが生じます。思考もその一つです。人がいて、その人は意志の力で努力することで思考を止められるという概念は、かなりの重圧と精神的な停滞をもたらします。

――というより、そこにいることを楽しむという思考を受け入れることだと思うのです。私は動揺するような悪いことは考えたくなかったので、そういう思考をコントロールしていつも避けるようにしていました。

リチャード　そういうふうに見えてはいるでしょう。でも実際は、思考をコントロールしている人などいません。何かについてできることなど一切なく、思考についても同じです。でも、それが問題ではないことが見える時があるかもしれません。思考はただ流れているだけです。

——どんな思考であれただそのままにしておくことが、今はずいぶんできるようになりました。

リチャード　これが見えていなくても、理解するだけで深いくつろぎが生まれるかもしれませんね。ただ、その可能性があるというだけであって、くつろぎが生まれる必然性はありません。中にはかなり強いフラストレーションが生じる人もいます。

——この話に耳を貸そうとしない人は大勢いるでしょうね、信念に反することですから。あなたは「これを受け入れなさい」とは言っていない。ただ自分はこう思う、と伝えているだけなのですが。

リチャード　誰もいないというのは、多くの人にとって最悪の提言でしょう。自分たちの宗教が間違っていると言われるよりもひどい。人がいないというのはもっと根本的なことですからね。かなり怒る人もいるでしょう。ただ、たいていの場合は、単に興味がない。外に出てみればすぐにわかります。大概、新しい帽子を買うとか地球を救うとか、別のことに関心があって忙しいですから。

――時々、私も思います。「もっとそんなふうになれないものかな？」と。彼らの方が人生を受け入れているような気がして。

リチャード　そう見えるかもしれませんね。そう感じるでしょうけれど、人がそこにいる限り、いつも何かが欠けているのです。

――何か別のものを私は欲しているのでしょうね。

リチャード　そうですね、常になんらかの衝動は存在します。

――それです。衝動。ありますね。

リチャード　どんな場合でも、常に不満が衝動となります。その不満は通常、たとえば「この車、この仕事、この妻では不満」とか「もっと大きな家に住めさえすれば幸せなのに」というふうに体験されます。この不満の中心はもちろん、仕事やパートナーや車やもっと大きな家とは関係ありません。その中心にあるのは分離の感覚です。

――とすると、もし私が目覚めたら、すべての衝動をなくすことができるのでしょうね。何かを達成したいという衝動をすべて失うと、かなり危険な気もします。

リチャード　（笑）それについて対処できる人は誰もいないのですから、よかったですね。

——何かを達成する努力をあきらめてしまうかもしれません。

リチャード　ありえますね。怠慢になるかもしれません。だからどうだっていうのでしょう？

——私は数年間鬱でしたが、すべてがどうでもいいのだという感覚が確かにありました。とても楽でした。何があっても私は影響を受けない、ただ物事は生じているだけだという感覚でした。ですが、これがあきらめや怠慢に繋がる可能性もあります。

リチャード　キャラクターによりますね。どうでもいいことが見えて、それが怠慢に繋がることもあるかもしれません。それがどうしたというのです？　でも、たとえば家に住むのが好きで、そのためにはローンが支払われなければならないとなれば、ローンは支払われ続けるでしょうね。

――そうは言っても、そこに主な関心がなければ、人はただ放棄するかも。

リチャード　まるでそれをしている誰かがそこにいて、選択ができるかのように話していますね。ですが、選択という概念を取り除けば、ただの描写しか残りません。解放があったとしても、絶対に何も変わりはしないのです。目覚めていようと眠っていようと同じことです。変転現象などありません。

――本当に言葉通りにとって、その解放という出来事があったらすべてを手放してしまう人がいるかもしれません。

リチャード　でも、そうする選択ができる人などいないのです。それは起きるかもしれないし、起きないかもしれない。それを選択できる人はいません。人生はただ続く。見せかけもただ続きます。ワクワクする現象を欲しているならLSDをやればいい。いずれにしても、解放について何かを仕掛けることなどできません。幻覚剤を摂取することに比べたら、面白くもなんともない。アシッドでトリップすればすべてが変わります。解放の中では何も変わらない。行為者がいないことが、ただ見えているだけです。ローンは支払われるか、支払われないかのどちらかです。どちらにせよ、実際にはそれが今起きていることです。それについて選択の余地はないのですが、あなたは自分がそうしていると思っているのです。

——でも、もしこれが実際に起こったとしたら……もし私が目覚めて、自分にこれが起きたなら……

リチャード　あなたに起きることではないんですよ。

――そうでした。では目覚めがあったとして、その後に人が戻ってきたら、初めはそれがかなりのショックとなって……

リチャード　ショックの可能性はある。

――それでその人は、それをすごくネガティブなことだと思うかもしれない。

リチャード　その可能性はあります。先ほど言ったアメリカにいる女性は、ほとんど何もせずに二年ほどボーッとしていました。私が言いたいのは、そこに選択はないということです。そのままがあるのみです。でも実際は、それがもうすでに起きていることなのです。今あなたはローンを支払うために行動していると思っていますが、あなたは何もしていない。仕事が生じ、銀行に給与が生じ、ローンは支払われる。それをしている人はいないのです。解放の中ではそれが見えます。それまではここに人がいて何かをしている、怠けていてはローンは支払えないという概念があったとしてもね。

あなたは怠慢にはなれません。それでも、怠慢は起こりうる。ローンが支払われない可能性もあります。ですが、快適でいたいキャラクターがいる限り

——ここにも快適でいたがるキャラクターはいますが（笑）——おそらくローンは支払われるでしょう。ここでのローンは支払われる傾向にあります。このキャラクターは、特にイギリスでは、どぶに住むよりは家に住みたがっていますからね。あなたもそうではないですか？　だから、私は心配しません。それについて何かをする人がいるわけではないのですから。

——でも、懸命に努力する価値のあることなどあるのだろうか、という考えもあって。目覚めていたら、そんなことはすっかり二の次になるのでしょうか？

リチャード　ありえますね。

――あなたにも、本を書きたいという欲求が残っていたのですね。

リチャード　本は書かれるのです。

――ああ、本は書かれるのですね、そうでした。

リチャード　この話をすると激怒する人もいます。「すべてがどうでもいいのなら、私が銀行強盗をしてもいいってことじゃないか！」ってね。それはまったくの思い違いです。銀行強盗をしようと選択できる人なんていないのです。銀行強盗は起きるかもしれませんが、銀行強盗というキャラクターを持った人がいなければまず起こりません。強盗は起きるか、もしくは起きない。この部屋を見渡すと、ここにいる人たちからはまず起こらなそうです。とはいえ、（一人を指差して）あなたはわかりませんけれどね（笑）。

――それで、目覚めを体験した人たちは以前よりハッピーになったと言っていますか？

リチャード 必ずしもそうとは限りません。ある禅僧は、「解放が見えてしまったがために、未だかつてないほど惨めだ」と言いましたから。

――解放は、定義することさえできないのですね。

リチャード ええ、私たちには定義すらできません。ただ、私は次のように提示したいと思います。これが見えている間、つまり解放の中には一種のくつろぎがあり、いくつかの物事が消えていくという傾向があります。消える傾向のあるものの一つが神経症です。もちろん、そうなる必然性はありません。神経症も含め、解放の中ではどんなことでも起こりえます。でなければ、それは解放ではなく制限でしょう。ともかく、神経症はなくなっていく傾向にありそうです。ですから、見かけ上の人としては神経症が軽減されて、より満たされた人になっているかもしれません。また、退屈感もなくなるように思います。解放においては間で邪魔をする人が不在なので、すべてに魅了されます。この神秘に退屈するわけがないでしょう？

そんなわけで、必ずしもそうだというわけではありませんが、退屈感と神経症はなくなる可能性があります。これを次のように言うこともできます。怒り、悲しみ、恐れ、喜びといった感情は自然に生じるものですが、神経症的な感情はもっと個人的な体験のさなかにいる人に属するものです。その人がいなくなると、自然な感情はなおも生じ続けますが、神経症的な感情や行動はなくなる傾向にあります。自然な感情は、もっとパワフルに生じるようになるかもしれません。それを感じないように抑圧しようとする人がいませんからね。解放の後、たとえば怒りを以前よりもっと深いところから感じる可能性もあります。それまでは人がいて、その怒りを押し込めていたからです。

——それで鬱になる？

リチャード　それで鬱になるのです。

＊＊＊

——なぜ私たちは眠る必要があるのでしょう？　時間の無駄だと思いながらも、私は睡眠をとても楽しんでいます。

リチャード　楽しいじゃないですか。

——ええ、大好きです。

リチャード　私も大好きです。

――でも、睡眠が役に立っているようにはあまり思えません。

リチャード　もちろん役に立っていますとも。眠らなければ、気が狂ってしまいます。私たちには眠る必要があります。眠っている間に、私たちは里帰りしているのです。私たちは、一人の人間でいる間はバラバラです。一日二十四時間、一人の人として過ごさなければならないとしたら、一週間も経たないうちに気が狂ってしまうでしょう。一番手っ取り早く精神病を生じさせようと思ったら、睡眠遮断することです。五日で事足ります。これは、一種の拷問として利用されています。私たちには解体が必要なのです。私たちは二十四時間一人の人間であり続けることには耐えられません。二十四時間のうち少なくとも八時間は、人ではない時間を過ごす必要があります。

——奇妙な感じがありますが。

リチャード　奇妙ですよ。何もかも、すべてが奇妙です。

＊＊＊

——私たちは劇中の登場人物のようなものですね。選択の余地はない。

リチャード　私たちに選択というものはありません。「劇中の人物」というのはとても良い例えですね。

——私はあるキャラクターを演じていて、他の人も皆、演じている。

リチャード　演じているのはあなたではありません。ワンネスです。ワンネスの中に、あるキャラクターが生じている。ただちょっとしたトリックが働いていて、人が別々に存在しているように――ここに一人の人間がいて、他はすべて外にあるというように――見せかけています。目覚めていると、ワンネスは自らを認識しています。「ああ、夢を見ているこのキャラクターがここにいるんだ」と。リチャードは単なる夢の登場人物ですから、リチャードは決して目覚めはしません。

――この部屋にいるキャラクターたちは、自らの本質について少しは手がかりを得ているかもしれませんね。

リチャード　ひょっとしたらそうかもしれません。

――もしあなたが言っていることが本当なら、ワンネスがこのキャラクターと他の皆をこの部屋に連れてきたのかもしれませんね。ワンネスの本質について手がかりが得られるように。

リチャード　かもしれませんね。

——本当に？

リチャード　私がここでやろうとしていることは、真実とはなんの関係もありません。単に、描写しているだけです。ただそれだけ。真実というのは実に厄介な概念です。真実にはいろいろなバージョンがあります。私たちは誰のバージョンのことを話しているのでしょう？

もしあなたが、自分の本質について何かを学ぶためにワンネスにここに連れてこられたと思っているなら、少し注意が必要です。意味を持ったストーリーを紡ぎ出し始めているからです。「何かとても重要なことを悟るために、人生が私をこの場所に導いた」と。意味はありません。夜眠っている間に見ている夢から目覚めるのと同じことです。夢を見ている間はそれがとてもリアルに、とても重要なことに思えていたとしても、それにまったく意味はないということはわかるでしょう？

――この何もかもがパラドックスにしか思えないのですが。

リチャード　これに関しては、すべてパラドックスです。

――もし私が夢の中の登場人物だとして……

リチャード　いや、違います。本当のあなたは意識なのです。あなたはあなたが思っているよりずっと小さくて、同時に遥かに大きなものです。あなたは一人の人間よりもずっと小さいけれど、ずっと大きくもある。だって、あなたは意識そのものなのですから。あなたは光であり、その中ですべてが起きています。

でも、それが見えるまではそうは見えません。なぜ見えないかというと、分離した人間という感覚があまりにもリアルだからです。その感覚が消えるまではね。

——意識はスクリーン上の光、というのは良い例えだと思います。登場人物はそこには実在していない、ということですよね？

リチャード　そう、なのにとてもリアルに見えるのです。

——本当にそこにいるかのように見えます。

リチャード　暗い映画館の中では、スクリーンに映る登場人物が実在すると信じるしかありませんが、それもただの光の戯れです。そこには何もない。とても良い例えですね。解放とは観客席に射し込んでくる光のようなものだと言えるかもしれません。

訳者あとがき

著者リチャード・シルベスターは、二〇一七年四月現在までに四冊の本を執筆しています。この『早く死ねたらいいね！（原題 *I Hope You Die Soon*）』はその一冊目で、初めて「自分という感覚が消えて」間もない二〇〇六年に書かれました。その経緯について、著者は「この本は初めての認識が生じ、その恍惚の温かな余韻の中で書いたもの。興奮もあり、分析・説明を加えたくないという気持ちも強かった。だから概念的な疑問には深く立ち入らず、それより自分が消えるとはどんな感じか、それを筆に任せて書いた」とインタビューで答えています（二〇一六年ベルリン）。

彼は三十年もの間、いったい何が得られるのかすらわからないまま、「特別な秘密」を求めてスピリチュアルな修養の道を探求し続け、あらゆる超常体験もあったと語っています。その中にはトランスパーソナル体験（個人という枠を超えた体験）もあったけれど、そこには極めて微かな「自分」の感覚があり、実際の「自分という感覚が抜け落ちた」解放の瞬間とはまったくの別もので、トランスパーソナルを含めスピリチュアリティはすべて迷信のストーリーだと彼は言います。それに、よく言われる「いま、ここ」の教えも非二元とはまったく関連がないとも言っています。「それは、努力すればもっと『在る』に近づける、と言っているようなものでしょう。実際『いま、ここ』にいられる人もいるだろうけど、それも数分続くだけのものでしょう」

そして、彼自身その三十年の探求に悔いはなく、「それも良し。すべては『解放』の為せるわざなのだから」ととても率直に、時に皮肉やユーモアを交えながらスピリチュアル系の体験に言及したりもします。あらゆる〝人〟からの疑問に簡潔・ストレートに答え、そしてニコリと少し時差をつけて笑う、その姿が実に魅力的です。「解放を求める人にアドバイスを」と求められ、彼はこう言いました。「敢えて言うなら、くつろいでお茶でも飲んで」
彼のこのような面に惹かれたのは、訳者自身も「スピリチュアル」な探求をしていた時期があるからです。どんな素晴らしそうな覚者の話も自分に起きない限りは完全に異質なストーリーであり、たとえ「自分」にその神秘が起きたとしてもそれが真実だという確証を得るなど不可能なのですから、うまく出来ています。「それ」の戯れは巧みです。ですがある日、それとはまったく異なる「生の遊技場」で、もっとも思いがけない時にある瞬間が訪れました。ここではその内容に触れられませんが、「これ」が何にせよ、それもどうでもよいことになりました。その後初めて非二元論の翻訳の機会をいただき、今回は二回目ですが、リチャード・シルベスターの先のアドバイス通りに訳させていただきました。

彼はこの後にトークと対話をまとめた本を二冊（『*The Book of No One*』二〇〇八年、『*Drink Tea, Eat Cake*』二〇一一年）、そして二〇一六年に『*Non-Duality Questions, Non-Duality Answers*』という本を出版しました。最新刊は長年にわたり彼の元にメールで寄せられた質問に答えるという形式のもので、彼自身は「著述活動は続けるけれど、非二元の本はこれが最後」と言っています。そのため、彼が非二元に関して伝えられることは余すことなくすべて記載したとあって素晴らしい内容です。こちらもいつか日本でも出版されますように。

最後になりましたが、この『早く死ねたらいいね！』という魅力的な本の出版を決め翻訳させてくださったナチュラルスピリット社の今井博央希社長、鋭敏なセンスで見事な日本語に整えてくださった編集の光田和子さんに心より御礼を申し上げます。

村上りえこ

著者

リチャード・シルベスター　*Richard Sylvester*

三十年に及ぶスピリチュアルな探求を経て、ある夏の夜、セントラル・ロンドンのチャリング・クロス駅で、「自分」という感覚がすっかり消える目覚めの体験をする。その約一年後、探求の完全なる終焉――解放を迎える。

現在は、ロンドンほかヨーロッパ各地にて非二元（ノンデュアリティ）に関するミーティングを開催している。

イギリス、西ケントとイースト・サセックスの境に在住。

ホームページ ▶　http://www.richardsylvester.com

訳者

村上 りえこ　*Rieko Murakami*

大阪生まれ。翻訳・通訳家。ボディワーク（アレクサンダー・テクニーク、アイボディ他）、エネルギーヒーリング関連分野などで活動。訳書に『ホームには誰もいない』（ナチュラルスピリット）がある。

早く死ねたらいいね！

〜〈私はいない〉を願う人への 非二元と解放の言葉〜

●

2017年5月8日　初版発行

著者／リチャード・シルベスター

訳者／村上りえこ

編集・DTP／光田和子

発行者／今井博央希

発行所／株式会社ナチュラルスピリット

〒107-0062 東京都港区南青山5-1-10 南青山第一マンションズ602
TEL 03-6450-5938　FAX 03-6450-5978
E-mail　info@naturalspirit.co.jp
ホームページ　http://www.naturalspirit.co.jp/

印刷所／中央精版印刷株式会社

ISBN978-4-86451-238-1 C0010